Любовь

есть исполнение Закона

Любовь

есть исполнение Закона

Д-р Джей Рок Ли

Любовь есть исполнение Закона: Автор - Д-р Джей Рок Ли
Опубликовано издательством «Урим Букс» (Представитель:
Seongnam Vin)
73, Yeouidaebang-ro 22-gil, Dongjak-gu, Seoul, Korea
www.urimbooks.com

ISBN: 979-11-263-0439-4 03230

Впервые редакция в 2018 г.

Ранее опубликовано на корейском языке издательством «Урим
Букс» в 2009 г.

Редактор – д-р Гымсан Вин
Дизайн редакторского бюро издательства «Urim Books»
Отпечатано компанией «Prione Printing»
Контактный адрес для получения большей информации: urimbook@
hotmail.com

«Любовь не делает ближнему зла;
итак, любовь есть исполнение закона».

Послание к Римлянам, 13:10

Надеюсь, что духовная любовь поможет читателям обрести Новый Иерусалим

В Великобритании проводилась рекламная акция, во время которой людей спрашивали, как быстрее всего добраться до Эдинбурга, Шотландии и Лондона? За самый лучший ответ было обещано вознаграждение. Лучшим же был признан следующий ответ: «Нужно путешествовать с любимым человеком». Мы знаем, что если отправляешься в дорогу с любимым человеком, то даже самое дальнее расстояние покажется коротким. Если мы любим Бога, то Божьи заповеди не будут для нас тяжкими, и мы станем применять их в повседневной жизни (1-е посл. Иоанна, 5:3). Ведь Бог дал нам Закон и повелел соблюдать Его заповеди вовсе не для того, чтобы осложнить нашу жизнь.

Слово «Закон» произошло от слова «Тора», что на иврите означает «уставы» и «наставления». Тору обычно называют Пятикнижием, в котором даны Десять Заповедей. Под «Законом» также подразумеваются и все 66 книг Библии, через которые Бог говорит, что нам следует делать, а чего не

VII

следует и от чего необходимо избавиться. Некоторые думают, что Закон и любовь никоим образом не связаны друг с другом, но, в действительности, они неразделимы. Бог – это Любовь, и без любви к Богу мы не сможем полностью исполнить Закон.

О такой силе любви повествуется в одной из историй. Самолет молодого человека, пролетая над пустыней, потерпел крушение. Его отец был богатым человеком. И чтобы найти сына, он нанял поисково-спасательный отряд; однако все усилия были напрасными. Тогда он велел раскидать по всей пустыне миллионы листовок, на которых было написано: «Сынок, я люблю тебя». И сын, который брел по пустыне, нашел одну из листовок; эти слова придали ему мужество, и он смог продержаться до тех пор, пока его, наконец, не нашли. Истинная любовь отца спасла его сына. И точно так же, как этот отец распространял листовки по всей пустыне, мы должны свидетельствовать о любви Божьей, чтобы о ней знали все люди.

VIII

Бог доказал Свою любовь, послав на землю Своего Единородного Сына Иисуса для спасения грешного человечества. Однако во времена Иисуса те, кто строго следили за исполнением Закона, были сосредоточены лишь на формальной стороне Закона и не понимали истинной любви Бога. В конечном итоге, обвинив Единородного Сына Божьего Иисуса в богохульстве и нарушении Закона, они распяли Его. Они не понимали любви Божьей, заключенной в Законе.

В 1-м послании к Коринфянам, в 13-й главе, дана характеристика «духовной любви». Пример такой любви показал нам Бог, пославший Своего Единородного Сына, чтобы спасти нас. Он должен был умереть из-за наших грехов. Любовь побудила Господа отказаться от славы, которая у Него была на Небесах. Он любит нас настолько, что принял за нас крестные муки. И если мы хотим, чтобы миллионы погибающих в этом мире душ узнали о Божьей любви, мы должны понимать, что такое духовная любовь и проявлять ее на деле.

> *«Заповедь новую даю вам, да любите друг друга;
> как Я возлюбил вас, [так] и вы да любите друг
> друга. По тому узнают все, что вы Мои ученики,
> если будете иметь любовь между собою»* (От
> Иоанна, 13:34-35).

Эта книга публикуется для того, чтобы читатель мог взрастить в себе духовную любовь и соответственно измениться в истине. Я выражаю благодарность Гым Сан Вин, директору редакционного бюро, а также его сотрудникам, и надеюсь, что все читатели этой книги, исполнив Закон с любовью, в конечном итоге обретут Новый Иерусалим, самую прекрасную обитель на Небесах.

Джей Рок Ли

Надеюсь, что через истину Божью читатели будут меняться, культивируя в себе совершенную любовь

Один из телевизионных каналов как-то провел опрос замужних женщин. Их спрашивали: если бы им сейчас пришлось выбирать мужа, вступили бы они в брак с тем же самым человеком, за которым они сейчас замужем? Результат оказался шокирующим. Только 4 процента женщин ответили, что выбрали бы того же самого мужчину. А между тем, все они выходили замуж по любви, так почему же их отношение к мужьям изменилось? Потому что они не любили их духовной любовью. Эта книга, *«Любовь есть исполнение Закона»*, научит нас, как любить духовной любовью.

В 1-й части, «Значимость любви», рассматриваются разные проявления любви, которые можно встретить в отношениях между мужем и женой, родителями и детьми, между друзьями и соседями; и это даст нам возможность понять разницу между плотской и духовной любовью. Духовная любовь – это способность любить другого человека с неизменным сердцем, не ожидая ничего взамен. В противоположность ей, плотская любовь изменится, если изменятся обстоятельства. Вот почему духовная любовь бесценна и прекрасна.

2-я часть, «Любовь, описанная в Главе о любви», условно делит 13-ю главу Первого послания к Коринфянам на три раздела. Первый, «Любовь, угодная Богу» (1-е посл. к Коринфянам, 13:1-3), является введением ко 2-й части, в которой подчеркивается значимость духовной любви. Второй, «Характерные особенности любви» (1-е посл. к Коринфянам, 13:4-7), основной раздел Главы о любви, рассказывает нам о 15-ти качествах духовной любви. Третий, «Совершенная любовь», – это заключительный раздел Главы о любви, из которой мы узнаем, что вера и надежда нужны нам лишь на то время, пока мы живем на земле, тогда как любовь длится вечно и необходима всем даже в Царстве Небесном.

В 3-й части, «Любовь есть исполнение Закона»,

объясняется, что значит исполнять Закон с любовью. Эта часть книги доносит до читателя глубину любви Бога, Который взращивает человечество на этой земле, а также глубину любви Христа, открывшего нам путь спасения.

«Глава о любви» – это лишь одна из 1.189-ти глав Библии. Она словно карта, которая указывает, где можно найти самый большой клад, потому что дает подробные наставления, как нам дойти до Нового Иерусалима. Но наличие карты и знаний, в каком направлении нам идти, ничего не даст, если мы никуда не пойдем. То есть знания о духовной любви бесполезны, если мы не применяем их на практике.

Духовная любовь угодна Богу, и мы можем быть наполнены ею настолько, насколько мы применяем Слово Божье, которое является истиной. Как только мы обретем духовную любовь, мы заслужим Божью любовь и благословения и, в конечном итоге, войдем в Новый Иерусалим – самую прекрасную Небесную обитель. В любви

XIII

кроется основной смысл сотворения и возделывания человека Богом. Я молюсь, чтобы все читатели прежде всего любили Бога, а также любили своих ближних, как самих себя, чтобы получить ключи от Нового Иерусалима.

Гым Сан Вин,
директор редакционного бюро

Содержание *Любовь есть исполнение Закона*

«И если любите любящих вас,

какая вам за то благодарность?

ибо и грешники любящих их любят».

От Луки, 6:32

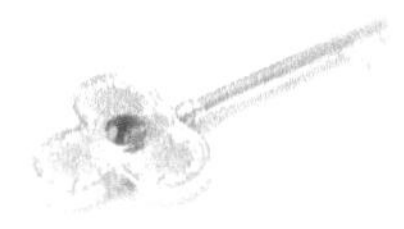

Часть 1.

Значимость любви

Духовная любовь

«Возлюбленные! будем любить друг друга,

потому что любовь от Бога,

и всякий любящий рожден от Бога и знает Бога.

Кто не любит, тот не познал Бога,

потому что Бог есть любовь».

1-е посл. Иоанна, 4:7-8

Как только мы слышим слово «любовь», наши сердца начинают сильнее биться, а душа трепетать. Мы жили бы очень счастливо, если бы, полюбив кого-то однажды, сумели сохранить эту любовь на всю жизнь. Иногда мы слышим, как кто-то благодаря силе любви смог преодолеть трудности и даже саму смерть, и теперь жизнь его прекрасна. Чтобы жизнь была счастливой, нужна любовь. В ней есть величайшая сила, способная изменить нашу жизнь.

Интернет-словарь Мерриам-Уэбстер дает следующее определение любви: «Любовь – это сильная привязанность одного человека к другому, которая возникает в силу родственных уз или личной привязанности к человеку; привязанность, основанная на восхищении, доброжелательном отношении или общих интересах». Однако духовная любовь, о которой говорит Бог, – это любовь более высокого уровня. Духовная любовь заботится об интересах других людей; она – источник радости, надежды, жизни; она – никогда не меняется. Более того, она принесет нам благо не только в этой временной жизни, но и в жизни вечной, так как направляет наши души к спасению и вечной жизни.

История женщины, которая привела своего мужа в церковь

Одна женщина была очень верной христианкой. Однако ее мужу не нравилось то, что она ходит в церковь, и это осложняло ее жизнь. Но, вопреки всем трудностям, каждый день на рассвете она приходила на молитвенное собрание и молилась за своего мужа. Однажды рано утром она пошла на молитвенное собрание, неся с собой туфли мужа. Прижимая обувь к груди, она со слезами молилась: «Боже, сегодня в церковь пришли только эти туфли, пусть же в следующий раз придет в церковь и тот, кому они принадлежат».

И через некоторое время произошло нечто удивительное. Муж пришел в церковь. А произошло это так. Как-то муж обратил внимание на то, что каждый раз, когда он выходил из дома, чтобы пойти на работу, его туфли оказывались теплыми. И как-то, увидев, что его жена куда-то идет с его туфлями, он последовал за ней. Она шла в церковь.

Ему это не понравилось, но он не смог преодолеть своего любопытства. Он должен был выяснить, что она делала в церкви с его туфлями. Он потихоньку вошел в церковь и увидел, как жена молится, держа его туфли у своей груди. Он услышал ее молитву, каждое слово которой было мольбой о его благополучии и благословениях для него. Это растрогало его сердце, и он пожалел, что так относился к жене. В конце концов, любовь этой женщины так взволновала и растрогала ее мужа, что он стал христианином.

Большинство жен, которые находятся в похожей ситуации, просят меня молиться за них, говоря: «Муж издевается надо мной только потому, что я хожу в церковь. Пожалуйста, помолитесь о том, чтобы муж перестал преследовать меня». На что я отвечаю: «Как можно быстрее станьте освященной и войдите в дух. Это путь к решению вашей проблемы». Какой муж станет создавать трудности жене, которая, став освященной, служит ему от всего сердца?

Жена, которая раньше во всем обвиняла мужа, изменившись в истине, признает, что она сама во всем виновата, и станет более смиренной. Тогда духовный свет изгонит всякую тьму, и муж тоже изменится. Кто станет молиться за человека, который создает ему трудности, кто пойдет на самопожертвование ради покинутых всеми соседей и подарит им истинную любовь? Дети Божьи, которые познали истинную любовь Господа, могут дарить любовь другим людям.

Неизменная любовь и дружба Давида и Ионафана

Ионафан был сыном Саула, первого царя Израиля. Когда он увидел, как Давид с помощью пращи и камня сразил наповал великана Филистимлян, Голиафа, он понял, что Давид был воином, на которого сошел Дух Божий. Мужество Давида растрогало сердце Ионафана, который тоже был воином. С того времени Ионафан полюбил Давида, как самого себя, и у них установились очень крепкие дружеские отношения. Ионафан полюбил Давида настолько, что ничего бы не пожалел ради него.

«Когда кончил [Давид] разговор с Саулом, душа Ионафана прилепилась к душе его и полюбил его Ионафан, как свою душу. И взял его Саул в тот день, и не позволил ему возвратиться в дом отца

его. Ионафан же заключил с Давидом союз, ибо полюбил его, как свою душу. И снял Ионафан верхнюю одежду свою, которая была на нем, и отдал ее Давиду, также и прочие одежды свои, и меч свой, и лук свой, и пояс свой» (1-я кн. Царств, 18:1-4).

Ионафан по праву должен был наследовать престол, так как был старшим сыном царя Саула. Он мог сразу же возненавидеть Давида, которого очень любил народ. Однако он не жаждал царского титула. Более того, когда Саул пытался убить Давида, чтобы сохранить за собой трон, Ионафан, рискуя собственной жизнью, спас Давида. Подобная любовь остается неизменной вплоть до смерти. Когда Иоанафан погиб в бою на горе Гелвуе, Давид оплакивал его смерть и постился до вечера.

«Скорблю о тебе, брат мой Ионафан; ты был очень дорог для меня; любовь твоя была для меня превыше любви женской» (2-я кн. Царств, 1:26).

После того как Давид стал царем, он нашел Мемфивосфея, единственного сына Ионафана, возвратил ему все, что принадлежало Саулу, и заботился о нем, как о своем родном сыне (2-я кн. Царств, 9). Таким образом, духовная любовь — это способность всю свою жизнь любить другого человека с неизменным сердцем, не ища при этом никакой выгоды для себя, а, чаще всего, даже себе в ущерб. Хорошо относиться к человеку, надеясь что-то получить от него взамен, — это не любовь. Духовная любовь способна жертвовать собой и все отдавать другому, без всяких условий, с искренними и чистыми намерениями.

Постоянство любви Бога и Господа к нам

Многим людям пришлось испытать в своей жизни сердечную боль из-за плотской любви. Когда мы чувствуем боль и одиночество из-за любви, которая быстро проходит, нужно помнить, что есть Тот, Кто утешит нас и станет нашим другом. Это – наш Господь. Хотя Он был непорочным, люди презирали Его и отвращали от Него свое лицо (Кн. пророка Исаии, 53:3), поэтому Он так хорошо понимает наше сердце. Он оставил Свою небесную славу и сошел на землю, чтобы пройти путь, полный страданий. Сделав это, Он стал нашим истинным утешителем и другом. Он даровал нам истинную любовь, доказав ее готовностью умереть на кресте.

До того как я уверовал в Бога, я был тяжело болен и испытал все тяготы физических страданий, одиночества и нищеты. Все, что у меня было после долгих семи лет болезней, это – немощное тело, растущие с каждым днем долги, презрение людей, одиночество и чувство безнадежности. Все, кого я любил и кому доверял, покинули меня. Однако, когда я думал, что я совершенно один во всей вселенной, меня посетил Некто. И Им был Бог. Как только я встретил Бога, я сразу же исцелился от всех болезней, и у меня началась новая жизнь.

Любовь Бога, данная мне, была безвозмездным даром. Не я полюбил Бога первым. Он первым пришел ко мне и протянул мне руку. Читая Библию, я буквально слышал, как Бог признается мне в любви.

«Забудет ли женщина грудное дитя свое, чтобы не пожалеть сына чрева своего? но если бы и она забыла, то Я не забуду тебя. Вот, Я начертал тебя на дланях [Моих]; стены твои всегда предо Мною» (Кн. пророка Исаии, 49:15-16).

«Любовь Божия к нам открылась в том, что Бог послал в мир Единородного Сына Своего, чтобы мы получили жизнь через Него. В том любовь, что не мы возлюбили Бога, но Он возлюбил нас и послал Сына Своего в умилостивление за грехи наши» (1-е посл. Иоанна, 4:9-10).

Бог не оставлял меня даже тогда, когда я страдал и все покинули меня. Когда я почувствовал Его любовь, у меня из глаз потекли слезы, и я не мог остановить их. Благодаря боли, которую я испытал, я понял, что Божья любовь – истинная. Теперь я стал пастором, служителем Божьим, чтобы утешать многие души и прославлять Бога за дарованную мне благодать.

Бог – сама Любовь. Он ради нас, грешников, послал на эту землю Своего Единородного Сына Иисуса. Он ждет, чтобы мы пришли в Его Царство Небесное, где Он приготовил для нас много прекрасных вещей. Мы сможем ощутить нежную и обильную любовь Божью, если хоть немного откроем наши сердца.

«Ибо невидимое Его, вечная сила Его и Божество, от создания мира через рассматривание творений видимы, так что они безответны» (Посл. к Римлянам, 1:20).

Почему бы вам просто не подумать о красоте окружающего мира? Голубое небо, чистая морская вода, многообразие деревьев и растений – и все это Бог сотворил для нас, живущих на земле, чтобы в нас жила надежда на Небеса до того времени, пока мы не окажемся там.

Волны, которые омывают морские берега, звезды, которые мерцают, словно танцуя, грохочущие звуки несущейся с водопадов воды, легкий ветерок, касающийся нас, позволяют нам почувствовать дыхание Бога, говорящего нам: «Я люблю тебя». И так как Бог избрал нас и считает Своими возлюбленными детьми, то какой же любовью должны быть наполнены мы? Мы должны быть наполнены вечной и истинной любовью, а не той бессмысленной любовью, которая меняется, если ее что-то не устраивает.

Плотская любовь

«И если любите любящих вас,

какая вам за то благодарность?

ибо и грешники любящих их любят».

От Луки, 6:32

Стоит человек перед толпой народа у моря Галилейского. Позади Него, словно в танце, плывут морские волны, подгоняемые легким ветром. Все люди притихли, прислушиваясь к Его словам. Обращаясь к людям, которые сидели на небольшой возвышенности, Он мягко и вместе с тем решительно призывает их стать светом и солью для мира и любить даже своих врагов.

«Ибо если вы будете любить любящих вас, какая вам награда? Не то же ли делают и мытари? И если вы приветствуете только братьев ваших, что особенного делаете? Не так же ли поступают и язычники?» (От Матфея, 5:46-47).

Иисус говорил, что неверующие и даже те, в ком есть зло, могут проявить любовь к тем, кто хорошо к ним относится, или к тем, в ком они нуждаются. Существует также мнимая любовь, которая производит впечатление настоящего чувства, однако это не истинная любовь. Это плотская любовь, которая спустя какое-то время может измениться или вовсе закончиться из-за любого пустяка.

Плотская любовь может пройти в любой момент. Если меняются обстоятельства или условия, то меняется и плотская любовь. Люди нередко пересматривают свое отношение к окружающим в зависимости от той выгоды, которую они могут получить от них. При этом они вначале хотят что-то выгадать для себя, а уж потом ответить взаимностью. Некоторые вообще хорошо относятся лишь к тем, от кого им есть реальная польза. Если вы кому-то что-то

11

даете и хотите получить столько же в ответ или же чувствуете разочарование, когда ничего не получаете взамен, то это говорит о том, что вы наполнены плотской любовью.

Любовь между родителями и детьми

Очень трогательно видеть, как любящие родители заботятся о своих детях. Родители отдают детям все свои силы, но при этом не говорят, что им трудно заботиться о них, потому что они любят своих детей. Обычно родители желают дать своим детям все самое лучшее, хотя у них самих может не быть нормальной еды или хорошей одежды. И тем не менее, в каждом сердце, даже самого любящего родителя, таится желание получить от всего этого определенную выгоду.

Если родители по-настоящему любят своих детей, то они должны быть готовы даже жизнь свою отдать, ничего не ожидая взамен. А между тем, многие родители растят своих детей так, чтобы польстить себе или получить от этого какую-то пользу. Они, как правило, наставляют их: «Я говорю это для твоего же блага». На самом же деле, они пытаются контролировать своих детей, чтобы компенсировать свою жажду славы, а также получить финансовые дивиденды. Если дети выберут собственный путь карьерного роста или вступят в брак без одобрения родителей, то за этим последует родительское недовольство и разочарование. А это лишний раз подтверждает, что родители были преданы своим детям и шли ради них на жертвы на определенных условиях. Они стремились получить что-то взамен той любви, которую отдавали детям.

Обычно любовь детей бывает не такой крепкой, как родительская. В Корее говорят: «Если родители будут слишком долго болеть, то дети их оставят». Дети чувствуют себя слишком обремененными, когда им приходится ухаживать за больными и старыми родителями, особенно, когда нет надежды на их выздоровление. Будучи маленькими, дети иногда говорят: «Я не выйду замуж (или не женюсь), я буду жить с вами, мама и папа». Тогда они думали, что действительно будут жить с родителями до конца своей жизни. Но они выросли, и родители стали интересовать их гораздо меньше, потому что теперь они заняты – они зарабатывают себе на жизнь. В наше время, к сожалению, сердца людей настолько бесчувственны к греху и зло настолько преобладает в них, что случается, родители убивают своих детей, а дети убивают своих родителей.

Любовь между мужем и женой

А как насчет супружеской любви? До брака, когда мужчина и женщина еще только встречались, они говорили друг другу ласковые слова: «Я не могу жить без тебя. Я буду любить тебя вечно». А что потом, после того как они поженились? Они с возмущением говорят друг другу: «Из-за тебя я не могу жить так, как мне хочется. Это нечестно с твоей стороны».

Прежде они признавались друг другу в любви, однако, уже после заключения брака, они все чаще и чаще говорят о том,

13

что им пора разъехаться или развестись, потому что у них разный уровень образования, непохожие семейные ценности и что они вообще не сошлись характерами. Если еда не по вкусу мужу, он непременно выскажет жене свое недовольство: «Что это за еда? Тут же нечего есть!» А если муж недостаточно хорошо зарабатывает, то жена будет пилить его и упрекать: «Мужа моей подруги уже повысили в должности, и он стал директором; и у другой моей подруги муж тоже занял высокий пост... Когда уже ты поднимешься по служебной лестнице? А одна из моих подруг купила дом побольше и новую машину. Чем мы хуже них? Когда у нас хоть что-то изменится к лучшему?»

По статистическим данным о насилии в семьях в Корее, половина всех семейных пар в стране страдает от проблем домашнего насилия. Мужья и жены, утратив свою первую любовь, начинают ненавидеть друг друга и ссориться. В наше время есть браки, которые распадаются уже во время медового месяца! Средняя продолжительность времени от момента вступления в брак и до развода становится все короче и короче. Вначале супругам казалось, что они очень любят друг друга, однако, пожив вместе, они начинают видеть недостатки друг друга. И так как обнаруживается, что они неодинаково мыслят и у них разные вкусы, между ними по любому поводу происходят стычки. Их поведение неизбежно приводит к тому, что чувства, которые они принимали за любовь, остывают.

Даже если в отношениях между мужем и женой нет очевидных проблем, то со временем они привыкают друг к другу, и чувство первой любви притупляется. И, как результат, они начинают поглядывать в сторону других мужчин или женщин. Мужья разочарованы тем, что по утрам их жены выглядят растрепанными, а с возрастом они и вовсе набирают вес и больше не кажутся привлекательными. Любовь же должна со временем становится более глубокой, а этого чаще всего и не происходит. В итоге, перемены в них только подтверждают тот факт, что они любили друг друга плотской любовью, которая преследует собственную выгоду.

Любовь между братьями

Братья и сестры, рожденные от одних родителей и выросшие вместе, казалось бы, должны быть близки друг другу, как никто другой. Вроде бы они во всем могут положиться друг на друга, ведь у них все было общее, их учили любить друг друга. Однако между некоторыми братьями и сестрами возникают чувства зависти и соперничества.

Старший ребенок начинает чувствовать, что часть родительской любви, которая предназначалась ему, теперь достается младшим братьям или сестрам. Младшие дети чувствуют себя неуверенно, потому что они слабее старших братьев и сестер. А те, у которых есть и старшие, и младшие братья и сестры, находятся между двух огней: то им достается от старших, то их ругают за младших. Они считают себя жертвами, думая, что родители не обращают на них никакого внимания. Если они не справятся с подобными эмоциями, то, скоре всего, между братьями и сестрами испортятся отношения.

Первое убийство в летописи человечества было совершено Каином. Оно было вызвано завистью Каина к младшему брату Авелю, к которому благоволил Бог. И далее, на протяжении всей истории народов мира, борьба между братьями и сестрами не прекращается. Иосифа возненавидели родные братья и продали его в рабство в Египет. Сын Давида, Авессалом, заставил одного из своих слуг убить брата Амнона. В наше время многие братья и сестры воюют друг с другом из-за родительского наследства. Они ведутся себя как враги.

Но если дело и не дойдет до серьезной вражды, о которой шла речь выше, то, вступив в брак и строя свою собственную семью, братья и сестры отдаляются друг от друга. Я был самым младшим из шести братьев и сестер. Мои старшие братья и сестры очень любили меня, но когда тяжелая болезнь приковала меня к постели на долгие семь лет, ситуация изменилась. Я превратился для них в обузу. До определенного времени они старались вылечить меня, но когда уже не было никакой надежды, они стали отворачиваться от меня.

Любовь между соседями

У корейского народа есть выражение – «сосед, что двоюродный брат». Оно говорит о том, что соседи для нас – это все равно, что члены семьи. В прошлом, когда большинство людей были земледельцами, они дорожили своими отношениями с соседями, ведь они всегда могли прийти на помощь друг другу. Однако это выражение все более и более утрачивает актуальность. В настоящее время люди держат двери запертыми даже для своих соседей. Наши дома теперь защищают охранные сигнализации. И люди часто даже не знают о том, кто живет в соседней квартире.

Людей не интересует, кто живет по соседству с ними, потому что их вообще не интересуют другие люди. Для них важны только их собственные интересы и непосредственные члены их семьи. Они не доверяют окружающим. Более того, если они видят, что соседи доставляют им какие-то неудобства или причиняют им хоть малейший ущерб, то они без смущения отворачиваются от них или начинают воевать с ними. Сегодня нередки случаи, когда соседи судятся друг с другом из-за пустяков. Был случай, когда сосед зарезал соседа, живущего над ним, из-за того, что тот слишком шумел.

Любовь между друзьями

А как насчет любви, которая существует между друзьями? У вас есть друг, о котором вы думаете, что уж он-то всегда будет на вашей стороне. Но даже тот, кого вы считаете своим близким товарищем, может предать и оставить вас с разбитым сердцем.

Бывают случаи, когда человек просит своих друзей одолжить ему большую сумму денег или стать его гарантом, потому что он оказался на грани банкротства. Если друзья откажут ему, то он будет говорить, что они его предали, и больше не захочет с ними общаться. Однако кто в этом случае поступает неправильно?

Если вы действительно любите своего друга, то вы не сможете причинить ему боль. Если вы находитесь на грани банкротства, а ваш друг выступит вашим гарантом, то он и его семья могут пострадать из-за вас. Если вы подвергаете риску своих друзей, любите ли вы их? Нет, это не любовь. Однако сегодня такие факты встречаются довольно часто. А между тем, Божье слово запрещает нам занимать и одалживать деньги кому-либо. Когда мы проявляем непослушание Слову Божьему, тогда в большинстве случаев сатана начинает строить козни, от чего страдают все, кто был замешан в этом деле.

> *«Сын мой! если ты поручился за ближнего твоего и дал руку твою за другого, ты опутал себя словами уст твоих, пойман словами уст твоих»* (Притчи, 6:1-2).

> *«Не будь из тех, которые дают руки и поручаются за долги»* (Притчи, 22:26).

Некоторые люди думают, что дружить нужно только с теми, от кого можно получить что-то нужное. На самом же деле сегодня трудно найти человека, готового пожертвовать своим временем, силами и деньгами из любви к своим близким или друзьям.

С детства у меня было много друзей. До того как я уверовал в Бога, для меня верность между друзьями была нормой жизни. Я думал, что наша дружба продлится вечно. Но, проболев долгое время, я с горечью осознал, что любовь между друзьями тоже меняется в угоду собственным интересам.

Сначала мои друзья старались найти хороших врачей, народных целителей, водили меня к ним, но, так как я совсем не шел на поправку, они, один за другим, бросали меня. Позднее со мной остались только те приятели, с которыми я пил и играл в азартные игры. Но даже эти друзья приходили ко мне не потому, что они любили меня, а потому, что им нужно было где-то проводить время. Как бы друзья ни клялись друг другу в любви, плотская любовь быстро проходит.

Как было бы прекрасно, если бы родители и дети, братья и сестры, друзья и соседи не искали собственной выгоды и никогда не меняли своего отношения друг к другу! Это означало бы, что их любовь друг к другу – духовная. Однако в большинстве случаев в них нет этой духовной любви, и она не приносит им истинного удовлетворения. Они ищут любви в членах своей семьи и окружающих людях. Однако чем больше они к этому стремятся, тем сильнее их жажда любви, словно они пьют морскую воду, чтобы утолить свою жажду.

Блез Паскаль сказал, что в сердце каждого человека есть вакуум, заполнить который не может никто, кроме Бога Творца, Который открывается через Иисуса. Мы не можем почувствовать истинного удовлетворения и будем мучиться, ни в чем не видя смысла, если это пространство не будет заполнено Божьей любовью. Получается, что в этом мире не существует духовной любви, которая была бы неизменной всегда? Нет, это не так. Хотя и редко, но духовная любовь конечно же существует. И в 13-й главе 1-го послания к Коринфянам отчетливо говорится об истинной любви.

> *«Любовь долготерпит, милосердствует, любовь не завидует, любовь не превозносится, не гордится, не бесчинствует, не ищет своего, не раздражается, не мыслит зла, не радуется неправде, а сорадуется истине; все покрывает, всему верит, всего надеется, все переносит»* (1-е посл. к Коринфянам, 13:4-7).

Вот такую любовь Бог называет духовной и истинной любовью. Мы можем обрести духовную любовь, познав Божью любовь и начав меняться в истине. Давайте же наполняться духовной любовью, которая позволит нам всем сердцем любить друга и не менять этих отношений, даже если нам нет от этого никакой пользы и мы делаем это в ущерб себе.

Значимость любви

Есть люди, которые ошибочно полагают, что любят Бога. Для того чтобы проверить, насколько мы наполнены истинно духовной любовью и любовью Божьей, нам нужно оценить свои эмоции и действия, которые мы совершаем, проходя через очищающие нас тесты, испытания и трудности. Мы можем проверить, в какой мере мы возделали в себе истинную любовь, спросив себя: действительно ли я радуюсь и от всего сердца благодарю Бога, всегда ли я послушен воле Божьей?

Если мы жалуемся и возмущаемся, ищем мирские пути решения проблем, надеемся на людей, то это означает, что в нас нет духовной любви. Это лишний раз доказывает, что мы познали Бога только умом, и то, что мы знаем, не отложилось в нашем сердце, то есть мы не культивировали в своем сердце знания о Боге. Фальшивые банкноты, порой, тоже выглядят как настоящие деньги, на самом же деле, это просто кусочки бумаги. Любовь тоже нельзя назвать настоящей, если у нас есть только знания о ней. И она не представляет собой никакой ценности. Если же наша любовь к Господу не меняется и если мы действительно полагаемся на Бога в любой ситуации и при любых трудностях, то мы можем утверждать, что обрели истинно духовную любовь.

«А теперь пребывают сии три:

вера, надежда, любовь;

но любовь из них больше».

1-е посл. к Коринфянам, 13:13

Часть 2.

Любовь, описанная в Главе о любви

Любовь, угодная Богу

«Если я говорю языками человеческими и ангельскими,

а любви не имею, то я – медь звенящая или кимвал звучащий. Если

имею [дар] пророчества, и знаю все тайны,

и имею всякое познание и всю веру,

так что [могу] и горы переставлять,

а не имею любви, – то я ничто.

И если я раздам все имение мое и отдам тело мое на сожжение,

а любви не имею, нет мне в том никакой пользы».

1-е посл. к Коринфянам, 13:1-3

В одном из детских домов Южной Африки произошел инцидент. Дети заболевали один за другим, и число больных возрастало с каждым днем. И никто не мог выявить конкретную причину их болезни. Детский дом пригласил знаменитых врачей, чтобы они поставили диагноз. И, после тщательного обследования, врачи порекомендовали: «Когда дети просыпаются, в течение десяти минут обнимайте их и показывайте им, что вы их любите».

Ко всеобщему удивлению беспричинно возникшая болезнь прошла, и дети стали выздоравливать. А все потому, что дети нуждались в теплоте любви больше, чем в чем-либо другом. Даже тогда, когда у нас нет финансовых проблем и мы живем в изобилии, без любви у нас не будет надежды на будущее, не будет желания жить. Можно сказать, что любовь – самый важный фактор в нашей жизни.

Важность духовной любви

В тринадцатой главе 1-го послания к Коринфянам, которую называют «Главой о любви», прежде чем подробно объяснить, какова же она – духовная любовь, делается акцент на важности любви. Потому что если мы говорим языками человеческими и ангельскими, а любви не имеем, то мы медь звенящая или кимвал звучащий.

Под словами «говорить языками человеческими» имеется в виду не умение говорить на языках, что является одним из даров Святого Духа. А тут имеется в виду владение языками, на которых говорят разные народы, живущие на земле. Например, на английском, японском, французском, русском и т.д. Цивилизация и знания систематизируются и передаются последующим поколениям посредством языка, вот поэтому сила языка действительно велика. Знание языков помогает нам выражать свои чувства, мысли, убеждать и располагать к себе людей. В языках человеческих есть сила менять людей и сила многого достичь.

Под языками «ангельскими» подразумеваются красивые слова. Ангелы и духовные существа являются олицетворением прекрасного. Когда кто-то приятным голосом произносит красивые слова, люди сравнивают их с ангелами. Бог же сравнивает слова людей, какими бы ангельскими они ни казались, с медью звенящей и кимвалом звучащим, если в них нет любви (1-е посл. к Коринфянам, 13:1).

Если ударить по тяжелому, твердому куску металла, то он не издаст громкого звука. Если же медь издает громкий звук, то это означает, что внутри она полая или пласт меди очень тонкий. Кимвалы же издают громкий звук, потому что они сделаны из тонких медных пластин. То же самое относится и к людям. Мы станем истинными сыновьями и дочерьми Божьими только тогда, когда наше сердце будет наполнено любовью. Тогда нашу ценность можно сравнить с ценностью пшеницы, у которой колосья полны зерен. И напротив, те, в ком нет любви, похожи на пустые плевелы. Почему же это так?

«Возлюбленные! будем любить друг друга, потому что

любовь от Бога, и всякий любящий рожден от Бога и знает Бога. Кто не любит, тот не познал Бога, потому что Бог есть любовь» (1-е посл. Иоанна, 4:7-8). Какими бы красноречивыми и красивыми ни были слова людей, но если они не несут любви, в них нет никакой ценности.

Тогда от них один лишь дискомфорт, словно от меди звенящей или кимвала звучащего, ибо они пустые внутри. С другой стороны, в словах, в которых есть любовь, заключена удивительная сила, несущая окружающим жизнь. И мы можем найти подтверждение этому в жизни Иисуса.

Сильная любовь дарует жизнь

Однажды Иисус учил в храме, а книжники и фарисеи привели к Нему женщину. Она была уличена в прелюбодеянии. В глазах книжников и фарисеев, которые привели к Нему женщину, не было даже намека на сострадание.

Они сказали Иисусу: *«Учитель! эта женщина взята в прелюбодеянии; а Моисей в законе заповедал нам побивать таких камнями: Ты что скажешь?»* (От Иоанна, 8:4-5).

В Израиле Закон – это Слово и Закон Божий. В нем есть пункт, который повелевает прелюбодеев до смерти забивать камнями. Если бы Иисус сказал им, что они, согласно Закону, должны побить ее камнями, то это означало бы, что Он Сам Себе противоречит: ведь Он учил людей любить даже своих врагов. Если бы Он сказал простить ее, то это было бы явным нарушением Закона. Это противоречило бы Слову Божьему.

Книжники и фарисеи гордились собой, полагая, что теперь у них есть шанс подловить Иисуса. Прекрасно зная их сердца, Иисус, просто склонившись, стал что-то пальцем писать на земле. После этого Он поднялся и сказал: *«Кто из вас без греха, первый брось на нее камень»* (От Иоанна, 8:7).

Когда Иисус, склонившись, стал вновь что-то писать пальцем, люди начали расходиться по одному, и в итоге остались только Иисус и женщина. Так Иисус спас жизнь этой женщине, не нарушив Закон.

На первый взгляд, то, что говорили книжники и фарисеи, не было ошибкой, ведь они говорили лишь то, что было написано в Законе Божьем. Однако у слов, сказанных ими и Иисусом, была совсем разная мотивация. Книжники и фарисеи делали больно другим, тогда как Иисус пытался спасти души.

Если у нас такое же сердце, как у Иисуса, то мы будем молиться и думать о том, какие слова смогут придать силы людям и привести их к познанию истины. Мы будем стараться, чтобы в каждом сказанном нами слове присутствовала жизнь. Некоторые люди стараются убедить других, используя Слово Божье, или пытаются изменить поведение окружающих, указывая им на их недостатки и ошибки, на то, что им кажется неправильным. Подобные слова, даже если они и верны, не могут изменить людей и не будут источником жизни для них, если не будут сказаны с любовью.

Поэтому мы должны постоянно проверять, чем мотивированы наши слова: нашей самоправедностью и стереотипами мышления или же любовью и желанием наполнить других людей жизнью. В отличие от льстивых слов, слова, в которых есть любовь, могут стать водой жизни и утолить жажду душ, стать драгоценным украшением, приносящим радость и утешение страдающим душам.

Духовная любовь и дар пророчества

Под словом «пророчество», обычно понимают предсказание будущего. В библейском понимании, это значит, обретя сердце Божье и получив водительство Святого Духа, говорить о предстоящих событиях с определенной целью. Человек не может делать пророческие предсказания по собственной воле. Во 2-м послании Петра, 1:21, говорится: *«Ибо никогда пророчество не было произносимо по воле человеческой, но изрекали его святые Божии человеки, будучи движимы Духом Святым».* Пророческий дар не может быть дан кому угодно. Бог не даст этот дар тому, кто не стал освященным, потому что от этого он может возгордиться.

«Дар пророчества», о котором говорится в главе о духовной любви, не является тем даром, который дается особенным людям. Каждый, кто верит в Иисуса Христа и пребывает в истине, может предвидеть будущее. К примеру, знать о том, что, когда Господь вернется на облаке, Он вознесет в воздух спасенных людей, и они примут участие в Семилетнем свадебном пире; тогда как неспасенные будут страдать во время Семилетия великой скорби на земле, а после суда Великого Белого Престола они будут ввергнуты в ад. Хотя все дети Божьи могут таким образом предсказывать будущее, не во всех из них есть духовная любовь. Если в них нет духовной любви, то их позиция будет меняться в угоду собственным интересам. А в таком пророческом даре нет никакого прока. Сам по себе дар не может продлить или усилить любовь.

«Тайна», о которой говорится в 1-м послании к Коринфянам, 13:2, относится к той тайне, которая была сокрыта от начала веков, то есть речь идет о Слове о кресте (1-е посл. к Коринфянам, 1:18). Слово о кресте – это провидение спасения человечества, которое суверенный Бог запланировал еще до начала времен. Бог знал, что люди согрешат и пойдут путем, ведущим к смерти. Поэтому еще до начала веков Он подготовил Иисуса Христа, Который должен был стать Спасителем. Пока это провидение не исполнилось, Бог хранил его в тайне. Почему Он это делал? Если этот путь спасения стал бы известен, то враг, дьявол и сатана, помешал бы ему исполниться (1-е посл. к Коринфянам, 2:6-8). Враг, дьявол и сатана, думал, что если он убьет Иисуса, то власть, полученная от Адама, будет принадлежать ему вечно. Но поскольку он спровоцировал злых людей убить Иисуса, то путь спасения открылся! Однако, несмотря на то, что мы знаем эту величайшую тайну, от знания этого нет никакой пользы, если в нас нет духовной любви.

То же самое и с другими нашими познаниями. Здесь, под словами «всякое познание», имеются в виду не академические знания. Речь идет о познании Бога и истины, которое мы можем почерпнуть из 66-ти книг Библии. Узнавая о Боге из Библии, мы должны еще и встретиться с Ним, испытать Его присутствие в своей жизни и поверить Ему от всего сердца. Иначе знания Слова Божьего останутся лишь каким – то пластом информации, хранящейся в нашем разуме. Следовательно, если нет духовной любви, то от знаний нет никакого проку.

Что если наша вера настолько велика, что мы можем двигать горы? Если вера велика, это еще не означает, что и любовь настолько же велика. Так почему же объемы веры и любви не всегда совпадают? В вере можно возрастать при виде знамений, чудес и деяний Божьих. Петр видел многие знамения и чудеса, сотворенные Иисусом, поэтому, когда Иисус шел по воде, Петр тоже, мог пойти по воде, хотя и недолго. Но в то время в Петре не было духовной любви, потому что он еще не получил Святого Духа. К тому же он еще не обрезал свое сердце, отбросив от себя все грехи. Поэтому, когда его жизнь оказалась под угрозой, он трижды отрекся от Иисуса.

Мы понимаем, что наша вера может возрасти благодаря опыту. Духовная же любовь приходит в сердце только тогда, когда мы, прикладывая усилия, с самоотдачей и самопожертвованием избавляемся от грехов. Однако это вовсе не означает, что между духовной верой и любовью нет

31

никакой связи. Мы стараемся очищаться от грехов, любить Бога и души именно потому, что в нас есть вера. Но если мы ничего не предпринимаем, чтобы уподобиться Господу и культивировать в себе истинную любовь, то наша работа для Божьего Царства не имеет никакой связи с Богом, как бы верно и усердно мы ее ни исполняли. Произойдет то, о чем когда-то говорил Иисус: «*И тогда объявлю им: „Я никогда не знал вас; отойдите от Меня, делающие беззаконие”*» (От Матфея, 7:23).

Любовь, которая приносит Небесные награды

Обычно, ближе к концу года, многие организации и частные лица жертвуют деньги на помощь бедным, после того как по телевидению или в газетах было объявлено о благотворительных акциях. А что, если имена тех, кто дал пожертвования, не будут опубликованы в прессе? Скорее всего, тогда не многие компании и частные лица изъявят желание жертвовать деньги.

Иисус в Евангелии от Матфея, 6:1-2, говорит: «*Смотрите, не творите милостыни вашей пред людьми с тем, чтобы они видели вас: иначе не будет вам награды от Отца вашего Небесного. Итак, когда творишь милостыню, не труби перед собою, как делают лицемеры в синагогах и на улицах, чтобы прославляли их люди. Истинно говорю вам: они уже получают награду свою*». Если мы помогаем другим, чтобы добиться признания людей, то мы можем заработать сиюминутные почести, но тогда мы не получим никаких наград от Бога.

Такие даяния делаются только из самодовольства и бахвальства. Если человек занимается благотворительностью формально, то, получая похвалы за это, его сердце будет возноситься все больше и больше. Если Бог благословит такого человека, то он может счесть себя достойным в Божьих очах и не станет обрезать свое сердце. А это нанесет ему только вред. Если вы делаете благотворительную работу из любви к ближним, то вам не важно заметили это другие люди или нет. Ведь вы верите в то, что Бог Отец, видящий тайное, воздаст вам явно.

Благотворительная работа в Господе – это не только удовлетворение основных жизненных потребностей, скажем, в одежде, еде и жилье. Это, в большей мере, обеспечение потребностей в духовном хлебе, необходимом для спасения душ. В наше время многие люди, независимо от того, верят они в Господа или нет, считают, что задача церкви – помогать больным, отверженным и бедным. Это, конечно же, не так: первейшая обязанность церкви – проповедовать Евангелие и спасать души, чтобы они обрели духовный мир. В этом и заключается конечная цель всех благотворительных акций.

Таким образом, помогая другим, крайне важно совершать благотворительные акции, получив водительство Святого Духа. Если мы окажем человеку неуместную помощь, то это может привести к тому, что он отдалится от Бога. При худшем развитии событий, это может привести его на путь, ведущий к смерти. Например, если мы помогаем тем, кто обнищал из-за того, что увлекался алкоголем и азартными играми, или тем, у кого возникли неприятности из-за непослушания воле Божьей, то наша помощь еще больше собьет их с пути. Конечно, это не означает, что мы не должны помогать неверующим. Мы должны помогать неверующим, донеся до них Божью любовь. Однако при этом мы не должны забывать, что основная цель благотворительных работ – это проповедь Евангелия.

Если говорить о вновь уверовавших, в которых слабая вера, то очень важно поддерживать их до тех пор, пока они не возрастут в вере. Иногда среди верующих можно встретить людей, которые не могут самостоятельно зарабатывать на жизнь из-за врожденных недугов или последствий несчастного случая. Есть и престарелые, которые живут одни, и дети, которым приходится самим вести хозяйство, потому что у них нет родителей. Они, как правило, остро нуждаются в благотворительной помощи. Если мы помогаем людям, которые действительно живут в нужде, то Бог поможет нашим душам здравствовать и преуспевать, и все у нас будет хорошо.

В Деяниях Святых Апостолов, в 10-й главе, говорится о Корнилии – человеке, получившем благословения. Он был человеком, боящимся Бога и творившим много милостыни еврейскому народу. Он был сотником, высокопоставленным офицером армии, оккупировавшей Израиль. В этой ситуации ему, должно быть, было трудно помогать местным жителям. Иудеи, скорее всего, с осторожностью и подозрительностью относились к тому, что он делал для них, а сослуживцы, вероятно, критиковали его за это. Но, имея страх Божий, он продолжал творить милостыню и совершать благодеяния. Бог, видя все его дела, в конечном итоге послал Петра к нему домой, для того чтобы не только вся его семья, но все, кто жили вместе с ним в его доме, получили Святого Духа и спасение.

Духовная любовь нужна не только для того, чтобы совершать благотворительные дела, но и для того, чтобы делать пожертвования Богу. В Евангелии от Марка, в 12-й главе, мы читаем о вдове, которая заслужила похвалу Иисуса, дав пожертвование от всего сердца. Она дала лишь две медные монеты – все, что у нее оставалось на пропитание. Так почему же Иисус так высоко оценил ее поступок? В Евангелии от Матфея, 6:21, говорится: *«... где сокровище ваше, там будет и сердце ваше»*. То есть вдова, отдав все свои средства к существованию, по сути, отдала Богу все свое сердце. Это было выражением ее любви к Богу. А вот пожертвования, которые делаются нехотя или специально, чтобы привлечь внимание других людей, не могут быть угодны Богу. В результате, подобные приношения не принесут даятелю никаких дивидендов.

А теперь давайте поговорим о самопожертвовании. «Отдам тело мое на сожжение» - значит «полностью пожертвую собой». Обычно на жертвы идут из любви к кому-либо, однако это можно делать и без любви. Итак, что это за жертвы, которые приносятся без любви?

Начать жаловаться на трудности, завершив Божью работу, – это пример жертвоприношения без любви. Другой пример, когда вы потратили все свои силы, время и деньги на Божью работу, но, не получив за это никакой похвалы и признания, расстроились и стали выражать свое недовольство этим. Или еще: вы, видя своих товарищей по работе и чувствуя, что у них нет такого же рвения в труде, как у вас, хотя они и утверждают, что любят Бога и Господа, думаете про себя, что они ленивые. В конце концов вы начнете просто осуждать их. В подтексте такого поведения кроется тайное желание похвастаться преданностью своему делу, стремление к тому, чтобы ваши достоинства были замечены другими и вас похвалили. Подобное самопожертвование может нарушить мир между людьми и огорчить Бога. Вот поэтому от жертвы без любви нет никакой пользы.

Может быть, вы и не выражаете вслух своего недовольства. Но если никто не оценит вашей преданности в работе, то разочарование и мысли о том, что вы ничего из себя не представляете, охладят вашу ревность о Господе. Если кто-то укажет вам на ваши ошибки или упущения в работе, которой вы отдали все свои силы, всего себя, то вы можете впасть в уныние и начать осуждать людей, критиковавших вас. Если у кого-то будет больше плодов, чем у вас, его будут хвалить и к нему будут расположены люди, то вы станете завидовать ему. А тогда, как бы верны и пылки вы ни были в работе, у вас не будет истинной радости. Не исключено, что вы даже откажетесь от своих обязанностей.

Есть люди, которые демонстрируют свое рвение в работе только тогда, когда они на виду у кого-то. Но если их никто не видит, не замечает, то они выполняют свои обязанности лениво, бессистемно, спустя рукава. Они стараются делать только то, что бросается в глаза другим, пренебрегая незаметной работой. Все дело в том, что они хотят показать себя руководству и многим другим людям, чтобы заслужить их похвалу.

Если в человеке есть вера, но нет любви, разве он сможет пойти на самопожертвование? Ему необходимо сначала восполнить недостаток духовной любви. Иначе ему не поверить в то, что все, чем он обладает, дано ему Богом и все принадлежит Богу.

Приведем для сравнения пример с фермером, который трудится на своем собственном поле, и крестьянином, который работает на чужом поле за зарплату. Фермер от зари до зари трудится, возделывая свою землю в поте лица. Он не упустит ни одного этапа в работе, сделает все в нужной последовательности. Наемный же работник, который трудится на чужом поле, не отдает работе всю свою энергию; он думает лишь о том, чтобы поскорее наступил закат и он, получив зарплату, отправился домой. Тот же самый принцип применим к Царству Божьему. Если в сердцах людей нет любви к Богу, то они будут работать для Него, как наемные работники, которым просто нужна зарплата. И они начнут причитать и жаловаться, если вдруг не получат ожидаемой зарплаты.

Вот поэтому в Послании к Колоссянам, 3:23-24, написано: «*И все, что делаете, делайте от души, как для Господа, а не для человеков, зная, что в воздаяние от Господа получите наследие, ибо вы служите Господу Христу*». Если

37

вы помогаете людям и жертвуете собой, не имея духовной любви, то все это не имеет ничего общего со служением Богу, а это означает, что за свои труды вы не сможете получить никакого воздаяния от Бога.

Истинное жертвоприношение можно совершить только тогда, когда в нашем сердце есть духовная любовь. Если наше сердце наполнено духовной любовью, то мы посвятим свою жизнь Господу, отдавая Ему все, что мы имеем, и независимо от того, как к этому относятся окружающие. Став, как свеча, которая горит и светится во тьме, мы можем отказаться от всего, что у нас есть. В Ветхом Завете, когда священнослужители убивали животных, чтобы принести Богу искупительную жертву, они проливали кровь и сжигали жир животных на алтаре. Наш Господь Иисус – жертвенный Агнец, в умилостивление за наш грех пролил всю Свою Кровь и воду до последней капли, чтобы искупить грехи человечества. Он показал нам пример истинного жертвоприношения.

Почему в Его жертве была сила, позволившая многим душам обрести спасение? Потому что Он принес Себя в жертву из любви к нам. Чтобы исполнить волю Божью, Иисус пожертвовал Своей жизнью. Даже в последние мгновения распятия Он молился о душах, умоляя простить их. И так как это было истинное жертвоприношение, Бог вознес Его и определил Ему самое прославленное положение на Небесах.

Так, в Послании к Филиппийцам, 2:9-10, говорится: *«Посему и Бог превознес Его и дал Ему имя выше всякого имени, дабы пред именем Иисуса преклонилось всякое колено небесных, земных и преисподних».*

Если, избавившись от жадности и порочных желаний, мы пойдем на самопожертвование с чистым сердцем, подобно Иисусу, то Бог вознесет нас, поднимет на более высокое положение. В Евангелии от Матфея, 5:8, наш Господь обещал: *«Блаженны чистые сердцем, ибо они Бога узрят»*. То есть мы будем благословлены возможностью видеть Бога лицом к лицу.

Любовь, превышающая справедливость

Пастора Янг Вон Сона прозвали «атомной бомбой любви». Он показал пример самопожертвования, сделанного с истинной любовью. Изо всех своих сил он помогал прокаженным. Он был посажен в тюрьму за отказ поклоняться японским святыням, когда Япония правила Кореей. Несмотря на его верное служение Богу, он получил шокирующую новость. В октябре 1948 года двое его сыновей были убиты левоцентристскими солдатами во время восстания против действующей власти.

Обычные люди стали бы жаловаться на Бога, говоря: «Если Бог Живой, то как Он мог сделать такое со мной?» А он стал благодарить за то, что оба его сына стали мучениками и пошли на Небеса, к Господу. Более того, он не только простил убийцу своих сыновей, но и усыновил его. Во время похорон он благодарил Бога, сказав, что у него есть девять причин для этого, чем глубоко растрогал сердца многих людей.

«Во-первых, я благодарен за то, что мои сыновья стали мучениками, хотя они были продолжателями моей родословной, а я полон беззаконий.

Во-вторых, я воздаю благодарность Богу за то, что эти драгоценные дети родились именно в моей семье, избранной из числа многих других верующих семей.

В-третьих, я благодарен за то, что в жертву были принесены сыновья, первый и второй, которые были самыми красивыми из трех моих сыновей и трех дочерей.

В-четвертых, не так-то просто, чтобы один сын стал мучеником, а у меня двое сыновей стали мучениками, и я благодарен за это.

В-пятых, это благословение – умереть с миром и верой в Господа Иисуса, и я благодарен за то, что они получили славу мучеников, будучи застреленными и убитыми в то время, когда они проповедовали Евангелие.

В-шестых, они готовились поехать в США на учебу, а вместо этого отправились в Царство Небесное – место, гораздо лучшее, чем Соединенные Штаты. Я спокоен и благодарен за это.

В-седьмых, я благодарю Бога, позволившего мне усыновить врага, который убил моих сыновей.

В-восьмых, я благодарен, потому что я верю, что мученическая смерть моих сыновей принесет обильные плоды Небес.

В-девятых, я благодарен Богу, позволившему мне познать Божью любовь и радоваться, несмотря на трудности».

Чтобы заботиться о больных людях, пастор Янг Вон Сон отказался от эвакуации даже во время Корейской войны. И, в итоге, он был замучен солдатами-коммунистами. Он помогал больным, бывшим полностью отверженными; проявив благость, он принял в свою семью врага, убившего его сыновей. Он был способен на подобное самопожертвование, потому что был полон истинной любви к Богу и к другим душам.

В Послании к Колоссянам, 3:14, написано: *«Более же всего [облекитесь]в любовь, которая есть совокупность совершенства»*. Даже если мы говорим ангельскими языками и имеем веру, способную двигать горы, и мы готовы пожертвовать собой ради тех, кто находится в нужде, наши усилия в очах Бога несовершенны, если мы не движимы истинной любовью. Чтобы постичь безграничное пространство Божьей любви, давайте исследуем все особенности истинной любви.

Характерные особенности любви

«Любовь долготерпит, милосердствует,

любовь не завидует, любовь не превозносится,

не гордится, не бесчинствует, не ищет своего,

не раздражается, не мыслит зла, не радуется неправде,

а сорадуется истине; все покрывает, всему верит,

всего надеется, все переносит».

1-е посл. к Коринфянам, 13:4-7

В Евангелии от Матфея, в 24-й главе, мы находим сцену, в которой Иисус скорбит, глядя на Иерусалим, так как знает, что приближается Его время. Ему предстояло быть распятым на кресте по провидению Божьему, но Он не мог не скорбеть, думая о тех несчастьях, которые ожидали Иудеев и Иерусалим. Ученики же Его поинтересовались: «*... Когда это будет? и какой признак Твоего пришествия и кончины века?*» (ст. 3).

Иисус, рассказав им о многих признаках Своего пришествия, с горечью подчеркнул, что охладеет любовь: «*И, по причине умножения беззакония, во многих охладеет любовь*» (ст. 12).

Сегодня мы действительно ощущаем, как любовь между людьми охладевает. Многие люди ищут любви, однако они не знают, что такое истинная любовь, то есть любовь духовная. Мы не сможем обрести истинную любовь только потому, что нам этого хочется. Истинная любовь зарождается по мере того, как Божья любовь изливается в наше сердце. После этого мы начинаем понимать, что есть истинная любовь, и очищать свое сердце от зла.

В Послании к Римлянам, 5:5, говорится: «*...а надежда не постыжает, потому что любовь Божия излилась в сердца наши Духом Святым, данным нам*». То есть сказано, что мы можем почувствовать Божью любовь благодаря Святому Духу в нашем сердце.

Бог говорит нам о характерных особенностях духовной любви, описанной в 1-м послании к Коринфянам (13:4-7). Божьим детям следует знать о них и практически применять их, чтобы стать посланниками любви, которые могут помочь людям почувствовать духовную любовь.

1. Любовь долготерпит

Если человеку недостает терпения, одного из качеств духовной любви, то он легко может разочаровать других людей. Допустим, руководитель дает сотруднику поручение, но тот не выполнил работу, как положено. И тогда руководителю придется перепоручить кому-то другому довести дело до конца. Тот же, кому это задание было дано изначально, расстроится, сожалея о том, что ему не дали еще одного шанса исправить упущения. Из всех качеств любви Бог вывел терпение на первое место, потому что оно важно для культивации духовной любви. Когда есть любовь, то ожидание не докучает.

Познав любовь Божью, мы пытаемся поделиться этой любовью с другими людьми. Иногда, стараясь проявить к людям любовь, мы наталкиваемся на их враждебность, и это разбивает нам сердца и оставляет осадок. Потом эти люди больше не будут казаться нам такими уж привлекательными, и мы перестанем их понимать. Чтобы обрести духовную любовь, нужно иметь терпение и научиться любить и таких людей. Даже если они клевещут на нас, ненавидят нас или без всякого повода стараются создать нам трудности, мы должны контролировать себя, быть терпеливыми и любить их.

Однажды прихожанин церкви попросил меня помолиться за его жену, у которой на тот момент была депрессия. Он также сказал, что сам был любителем выпить, и когда принимал алкоголь, то становился совершенно другим человеком и создавал проблемы своей семье. Его жена, тем не менее, была терпелива с ним и каждый раз пыталась своей любовью покрыть его провинности. Однако он не изменял своим привычкам, поэтому со временем превратился в алкоголика. А его жена потеряла волю к жизни и впала в депрессию.

Из-за его пристрастия к выпивке страдала вся семья, однако он пришел, чтобы получить мою молитву, потому что все еще любил жену. Услышав его историю, я сказал ему: «Если ты действительно любишь свою жену, то, что трудного в том, чтобы бросить пить и курить?» Он не сказал ни слова в ответ, но было видно, что он не уверен в себе. Мне было жаль его семью, и я помолился о том, чтобы его жена исцелилась от депрессии. Я также помолился о том, чтобы у него были силы бросить пить и курить. Божья сила удивительна! После молитвы он больше не помышлял о том, чтобы выпить или закурить. До этого он никак не мог отказаться от алкоголя, однако после молитвы он бросил пить. А его супруга излечилась от депрессии.

Духовная любовь начинается с терпения

Чтобы взрастить духовную любовь, мы должны быть терпеливы с другими в любой ситуации. Мучительно ли для вас проявлять упорство? Или же, как в случае с женщиной в рассказанной мной истории, не впадете ли вы в уныние, если ситуация не будет меняться к лучшему, несмотря на ваше долготерпение? Тогда, прежде чем винить сложившиеся обстоятельства или других людей, нам следует проверить самих себя. Если мы взрастили истину в сердце своем, то никакие обстоятельства не помешают нам быть терпеливыми. Если же мы не можем проявить терпение, то это означает, что в нашем сердце все еще есть зло, порожденное неправдой, и оно лишает нас терпения.

Быть терпеливыми – значит проявлять терпение и к себе тоже и уметь переносить все трудности, которые встречаются на нашем пути, стараясь проявлять истинную любовь. Когда мы, повинуясь Слову Божьему, стараемся любить всех, мы можем столкнуться с трудными ситуациями. Долготерпение духовной любви – это умение проявлять терпение при любых обстоятельствах.

Долготерпение духовной любви отличается от долготерпения, которое является одним из Девяти плодов Святого Духа, описанных в Послании к Галатам (5:22-23). Чем же оно отличается? Долготерпение, как плод Святого Духа, побуждает нас проявлять терпение во всем ради Царства Божьего и праведности Божьей, тогда как долготерпение

Долготерпение как один из Девяти плодов Святого Духа	1. Отбросить всякую неправду и культивировать в своем сердце истину
	2. Понимать других, заботиться об их благе и быть с ними в мире
	3. Получить ответы на молитвы, спасение и благословения, обещанные Богом

духовной любви говорит о том, что нужно терпеливо возделывать духовную любовь. То есть это более узкий, специфичный термин. Мы можем сказать, что долготерпение духовной любви – это одно из проявлений долготерпения, упомянутого в числе Девяти плодов Святого Духа.

В наше время люди с легкостью подают судебные иски друг против друга, если их собственности или благополучию нанесен хоть малейший ущерб. В судебные инстанции жалобы поступают буквально потоком. Очень часто между собой судятся мужья и жены, родители и дети. Если вы терпеливо относитесь к людям, то окружающие могут насмехаться над вами, считать вас глупыми. А что в этом случае говорит Иисус?

В Евангелии от Матфея, 5:39, говорится: *«А Я говорю вам: не противься злому. Но кто ударит тебя в правую щеку твою, обрати к нему и другую»*; и далее, 5:40, мы читаем: *«И кто захочет судиться с тобою и взять у тебя рубашку, отдай ему и верхнюю одежду»*.

Иисус призывает нас не только не отвечать злом на зло, но и быть терпеливыми. Он также призывает нас делать добро людям, творящим зло. Мы можем подумать: как же делать добро людям, когда мы раздражены и обижены? Имея веру и любовь, мы сумеем это сделать. Этим мы подтвердим свою веру и любовь к Богу, отдавшему Своего Единородного Сына в умилостивление за грехи наши. Веря в то, что эта любовь была дарована нам, мы сможем простить людей, которые заставили нас страдать и нанесли нам урон. Если мы любим Бога, любящего нас настолько, что ради нашего спасения Он пожертвовал Своим Единородным Сыном, и если мы любим

Господа, отдавшего за нас Свою жизнь, то будем любить всех и каждого.

Безграничное терпение

Некоторые люди подавляют в себе ненависть, злость, раздражение и другие негативные эмоции, а потом, когда их терпение достигает предела, попросту взрываются. Интровертам не так просто выражать свои эмоции, поэтому они страдают в сердце своем, и чрезмерный стресс негативно сказывается на их здоровье. Такое терпение можно сравнить с сжиманием руками металлической пружины: как только мы выпустим ее из рук, пружина тут же распрямится и прыгнет вверх.

Бог желает, чтобы мы были неизменно терпеливы до конца. Если быть более точными, то, имея подобное долготерпение, нам, на самом деле, не придется принуждать себя что-то терпеть. Мы не станем копить ненависть и недовольство в своем сердце, мы удалим из сердца первозданную природу зла, которая вызывает ожесточение, и наполним его любовью и состраданием. В этом и заключается суть духовного долготерпения. Если в нашем сердце нет никакого зла и оно наполнено до краев только духовной любовью, то любить даже своих врагов будет не трудно. К тому же, мы с самого начала не допустим, чтобы между нами и кем бы то ни было возникала вражда.

Если наше сердце наполнено ненавистью, ссорами, завистью и ревностью, то и в добросердечных людях мы сразу же будем замечать недостатки. Это похоже на то, как все вокруг становится темным, когда мы одеваем солнечные очки. Но если наши сердца полны любви, то даже те, кто совершают злые поступки, будут казаться нам хорошими людьми. Какими бы недостатками и слабостями они ни отличались, в чем бы они ни провинились, мы все равно не станем их ненавидеть. Даже если они ненавидят нас и делают нам зло, мы не будем отвечать им тем же.

Долготерпением отличалось и сердце Иисуса, Кто «трости надломленной не переломит, и льна курящегося не угасит». Оно было и в сердце Стефана, который молился о тех, кто забивал его камнями, со словами *Господи! не вмени им греха сего* (Деяния, 7:60). Они побивали его камнями только за то, что он проповедовал им Евангелие. А было ли Иисусу тяжело любить грешников? Вовсе нет! Потому что Его сердце – это сама истина!

Однажды Петр спросил у Иисуса: *Господи! сколько раз прощать брату моему, согрешающему против меня? до семи ли раз?* (От Матфея, 18:21). На что Иисус сказал: *Не говорю тебе: „до семи", но до седмижды семидесяти раз* (ст. 22).

Это не означает, что мы должны прощать только семьдесят раз, помноженные на семь, и что в сумме дает нам 490 раз. Число «семь», в духовном плане, является символом совершенства. Поэтому «до седмижды семидесяти» раз символизируют совершенное прощение. Здесь мы можем почувствовать безграничные любовь и прощение Иисуса.

Долготерпение,
которое ведет к совершенной любви

Конечно же не так просто в одну ночь превратить свою ненависть в любовь. Мы должны долгое время неотступно стараться проявлять терпение. В Послании к Ефесянам, 4:26, говорится: *«Гневаясь, не согрешайте: солнце да не зайдет во гневе вашем»*.

Здесь слово «гневаясь» адресовано к тем, в ком слабая вера. Бог говорит этим людям, что, если даже они гневаются из-за недостатка веры, они не должны хранить свой гнев до заката солнца, или, иными словами, долгое время; нужно дать этому чувству уйти. Даже тогда, когда чувства ожесточения или гнева исходят из сердца человека, но он, по мере своей веры и проявляя терпение и постоянство, будет избавляться от этих чувств, то он сможет изменить свое сердце, обратив его в сердце истины. И тогда в нем постепенно начнет возрастать духовная любовь.

Так как греховная природа пустила глубокие корни в сердце человека, то избавиться от нее он может, только горячо молясь в полноте Святого Духа. Очень важно, чтобы мы старались смотреть на людей, которые нам не нравятся, доброжелательно и показывать им свои дела благости. Поступая так, мы вскоре убедимся, что ненависть ушла из нашего сердца, и мы можем полюбить этих людей. Мы ни с кем не будем конфликтовать, и не останется тех, кого бы мы ненавидели. Мы будем жить счастливо, как на Небесах. Это и имел в виду Иисус, сказав *«ибо вот, Царствие Божие внутрь вас есть»* (От Луки, 17:21).

Когда люди счастливы, они говорят, что чувствуют себя, как на Небесах. Царство Божье, которое находится внутри вас, указывает на то, что вы, избавившись от всякой неправды в своем сердце, наполнили его истиной, любовью и благостью. И если это так, то вам не придется быть терпеливыми, потому что вы всегда будете счастливы, радостны и исполнены благодати, ведь вы любите всех, кто вас окружает. Чем больше вы будете очищаться от зла и наполняться благостью, тем меньше терпения вам понадобится. Чем больше в вас духовной любви, тем меньше вам придется проявлять терпение, подавляя в себе некоторые чувства. И вы сумеете, терпеливо и мирно, с любовью дождаться того, что окружающие вас люди начнут меняться.

На Небесах нет ни слез, ни горя, ни боли. Поскольку на Небесах нет никакого зла, а есть только благость и любовь, то у вас не будет ненависти ни к кому, вам не придется злиться на кого-то или раздражаться. Вам не нужно будет сдерживаться или контролировать свои эмоции. Конечно же нашему Богу не нужно быть терпеливым, потому что Он – сама Любовь. Так как у людей есть душа, собственные мысли и установки, то Библия говорит, что любовь должна быть долготерпеливой. Однако Бог хочет помочь людям осознать, что чем больше они отвращаются от зла и наполняются благостью, тем меньше они нуждаются в терпении.

Обращать врагов в друзей, проявляя терпение

Когда Авраам Линкольн, шестнадцатый президент

Соединенных Штатов, и Эдвин Стэнтон были еще просто юристами, у них были сложные отношения. Стэнтон был из обеспеченной семьи и получил хорошее образование. Отец Линкольна был бедным сапожником и даже не закончил начальную школу. Стэнтон, не выбирая слов, глумился над Линкольном. Однако Линкольн никогда не злился и не проявлял по отношению к нему враждебности.

После того как Линкольн был избран президентом, он назначил Стэнтона военным министром. Линкольн знал, что Стэнтон был именно тем человеком, который соответствовал одной из самых важных должностей в его Кабинете. Позже, когда Линкольн был застрелен в театре Форда, большинство людей стали убегать, спасая свою жизнь. Однако Стэнтон бросился на помощь к Линкольну. Держа Линкольна в своих руках и глядя на него глазами, полными слез, он сказал: «Здесь лежит величайший из людей в мире. Он – самый выдающийся в истории лидер».

Долготерпение в духовной любви может творить чудеса, обращая врагов в друзей. В Евангелии от Матфея, 5:45, говорится: *« ...да будете сынами Отца вашего Небесного, ибо Он повелевает солнцу Своему восходить над злыми и добрыми и посылает дождь на праведных и неправедных».*

Бог терпелив даже с теми людьми, которые творят зло. Он ждет того дня, когда они изменятся. Если мы отвечаем злом на зло, то это означает, что в нас тоже есть зло. Но если мы, обратив свой взор на Бога, проявляем терпение и любовь, то Он вознаградит нас за это, и в будущем у нас будет прекрасная обитель на Небесах (Псалом, 36:8-9).

2. Любовь милосердствует

В одной из басен Эзопа есть сказание о солнце и ветре. Однажды солнце и ветер поспорили о том, кто первый снимет плащ с прохожего. Ветер начал первым: он дул надменно и победоносно, насылая на прохожего сильные порывы, способные свалить дерево. Но чем сильное дул ветер, тем больше тот закутывался в плащ. И тогда выглянуло солнце и, добродушно улыбаясь, направило на него свои лучи. Стало тепло, мужчина согрелся, и сам снял плащ.

Из этой истории можно извлечь хороший урок. Ветер старался силой заставить человека снять плащ. Солнце же побудило его добровольно снять пальто. Милосердие действует так же. Милосердие и доброта способны растрогать сердце человека и завоевать его не физическими усилиями, а благостью и любовью.

Милосердие благоволит ко всем людям

Милосердные люди доброжелательны, поэтому окружающие чувствуют себя рядом с ними спокойно. В Толковом словаре мы находим, в частности, следующее объяснение слова «милосердие» – это «доброе, человеколюбивое отношение». А быть добрым – значит обладать терпеливым характером. Чтобы вам было легче понять сущность милосердия и доброты, представьте себе охапку ваты. Вата не издаст ни звука, каким бы предметом вы в нее ни бросили. Она просто принимает и обволакивает этот предмет.

Милосердный человек подобен дереву, в тени которого многие могут отдохнуть. Если в жаркий летний день вы спрячетесь от лучей палящего солнца под сенью раскидистого дерева, то почувствуете себя намного лучше, вам будет гораздо прохладнее в тени. Так же и сердце человека: если оно милосердно, то множество людей сумеют найти отдохновение в его присутствии.

Кроткий и милосердный человек, как правило, не сердится на тех, кто ему докучает, он не настаивает на собственном мнении. Его называют мягким и добросердечным человеком. Однако, независимо от того, насколько он мягок и кроток, если его благость не нашла благоволения в Божьих очах, его нельзя назвать по-настоящему кротким. Есть люди, которые послушны другим в силу слабости и консервативности своего характера. А есть и такие, кто подавляют в себе злобу, несмотря на то, что внутри они раздосадованы проблемами, которые им кто-то создал. Их нельзя счесть милосердными и кроткими. Лишь те, в ком нет зла, чье сердце наполнено только любовью, могут с духовной кротостью принять и терпеть людей, творящих зло.

Богу угодно духовное милосердие

Духовное милосердие является результатом полноты духовной любви и отсутствия зла. Обладая таким качеством, как духовное милосердие, вы не будете ни с кем враждовать, вы примете каждого, каким бы подлым он ни был. И еще: вы терпеливы, потому что вы мудры. Однако мы должны помнить, что мы не можем считаться добрыми и милосердными только потому, что мы безоговорочно понимаем и прощаем других, проявляя кротость в отношениях со всеми. Мы должны обладать также и праведностью, достоинством и авторитетом, чтобы направлять окружающих и оказывать на них влияние. Таким образом, духовно добрый, милосердный человек не только кроток, но также мудр и справедлив. Жизнь такого человека может служить примером другим. Если говорить более конкретно, то милосердный человек в сердце своем кроток, а в действиях своих – добродетельно великодушен.

Даже если вы обладаете добрым, милосердным сердцем, в котором нет зла, а есть только благость, но при этом ваше милосердие – лишь внутреннее качество, то это не поможет вам оказывать влияние на людей и принимать их. Поэтому, наряду с внутренним милосердием, мы должны проявить и добродетельную щедрость, и тогда наше милосердие может стать совершенным и иметь большую силу. Если нас отличают великодушие и сердечная доброта, то мы сумеем завоевать сердца многих людей и многого добиться.

Человек сможет по-настоящему полюбить другого человека, только имея в сердце своем благость и милосердие, сострадание и добродетельную щедрость. И тогда он сможет направить его на путь истины. Такое сердце приведет многие души на путь истинного спасения. Но милосердие, сокрытое внутри, не изольет своего света на людей без добродетельной щедрости, которая проявляется в делах. А теперь, давайте исследуем, что мы должны делать, чтобы культивировать в себе милосердие и доброту.

Освящение – это норма внутреннего милосердия

Для того чтобы стать добрым и милосердным, мы, во-первых, должны очистить свое сердце от зла и стать освященными. А доброе сердце подобно вате. Пусть даже кто-то и ведет себя агрессивно, оно не издает ни звука, оно просто принимает этого человека. Добросердечный человек, в ком нет никакого зла, ни с кем не вступает в конфликты. Если наше сердце ожесточено злом, ревностью и завистью или оно закоснело от самоправедности и неуступчивости, то нам будет трудно понять и принять других.

Если камень упадет и ударится о другой камень или твердый металлический предмет, то он с шумом отскочит. Точно так же, если плотское «я» все еще живо, то наше недовольство будет проявляться по малейшему поводу. Заметив недостатки и упущения в характере других людей, мы, вместо того, чтобы понять и помочь им, начинаем судить и обвинять их, сплетничать и клеветать на них. Это лишь означает, что мы подобны маленькому сосуду, из которого все выливается, что туда ни налей.

Это маленькое сердце, наполненное таким количеством скверны, что оно больше ничего не вмещает в себя. Например, мы можем обидеться, если кто-то укажет нам на наши ошибки. А услышав, как кто-то шепчется, мы можем подумать, что они говорят непременно о нас, и нам захочется узнать, что именно они говорят. И мы станем осуждать людей даже за то, что они просто взглянули на нас украдкой.

Отсутствие зла в сердце – главное условие для того, чтобы взрастить в себе милосердие и доброту. Дело в том, что если в нас нет зла, то мы можем и заботливо принять в свое сердце других, и относиться к ним с благостью и любовью. Добрый человек милостив и сострадателен к окружающим всегда. У него нет ни малейшего намерения осуждать или обвинять их в чем-то; он просто старается понять их с любовью и благостью. И тогда теплота его отношения смягчит даже тех, в чьих сердцах есть зло.

Быть освященными особенно важно для тех, кто учит и направляет других. Потому что они будут прибегать к своим плотским мыслям в той мере, в какой в них есть зло. Не умея правильно разобраться в ситуации, в которой оказались их прихожане, они, соответственно, не смогут направить их к злачным пажитям и к водам тихим. Мы можем получить водительство Святого Духа и найти правильный выход в решении проблем прихожан, и помочь им выбрать наилучший жизненный путь только тогда, когда мы – полностью освященные. Бог признает истинно милосердным и добрым только того, кто полностью освящен. У разных людей разные стандарты, по которым они судят о том, кто считается добрым и милосердным человеком. Однако доброта и милосердие в глазах людей и в глазах Бога – это совсем разные вещи.

Бог признал милосердие Моисея

В Библии мы видим, что Моисей обрел благоволение Бога именно за свой милосердный характер. Мы сможем понять, насколько важно получить такое признание, прочитав 12-ю главу из Книги Чисел. Однажды брат Моисея Аарон и его сестра Мариам стали критиковать Моисея за жену Эфиоплянку.

«И сказали: одному ли Моисею говорил ГОСПОДЬ? не говорил ли Он и нам? И услышал [сие] ГОСПОДЬ» (Числа, 12:2).

Что Бог ответил на это заявление? *«Устами к устам говорю Я с ним, и явно, а не в гаданиях, и образ ГОСПОДА он видит; как же вы не убоялись упрекать раба Моего, Моисея?»* (Числа, 12:8).

Аарон и Мариам своими осуждающими комментариями вызвали ярость Бога, из-за чего Мариам покрылась проказой. Аарон был «устами» Моисея, и Мариам тоже была одним из лидеров общины. Думая, что Бог любит и признает их так же, как Моисея, и считая, что Моисей совершил ошибку, они тут же начали его критиковать.

Бог не принял критики Аарона и Мариам, которые выступили против Моисея, оценивая его по Собственным стандартам. Каким человеком был Моисей? Бог считал его кротчайшим из всех людей на этой земле. Он был также верен во всем доме Божьем и пользовался таким доверием, что Бог говорил с ним устами к устам.

Если мы посмотрим на Исход Израильского народа из Египта и их шествие в землю Ханаанскую, то мы сможем понять, почему Бог так высоко ценил Моисея. Люди, вышедшие из Египта, не раз согрешили, идя против воли Божьей. Они жаловались против Моисея и обвиняли его, столкнувшись даже с небольшими трудностями, и это было равносильно тому, что они выражали недовольство Богом. И каждый раз, когда они жаловались, Моисей молился о Божьей милости.

Был случай, когда милосердие и доброта Моисея проявились особенно наглядно. Когда Моисей поднялся на гору Синай, чтобы получить Заповеди, народ соорудил себе идола – золотого тельца; они ели-пили и предавались удовольствиям, поклоняясь идолу. Израильтяне подражали египтянам, которые поклонялись, как богам, быкам и коровам. А ведь они множество раз убеждались в том, что Бог был с ними, но при этом они совсем не менялись. В конечном итоге, гнев Божий сошел на них. И тогда Моисей стал ходатайствовать о них, предложив в залог собственную жизнь: *«Прости им грех их, а если нет, то изгладь и меня из книги Твоей, в которую Ты вписал»* (Исход, 32:32).

«Из книги Твоей, в которую Ты вписал» - под этими словами подразумевается Книга жизни, в которую вписаны имена тех, кто спасен. Если ваше имя изглажено из Книги жизни, то вы не будете спасены. Речь идет не только о том, что человек не получит спасение, а еще и о том, что он будет вечно страдать в аду. Моисей прекрасно знал о жизни после смерти, и все же он хотел спасти людей, даже если для этого ему придется самому потерять спасение. Сердце Моисея аналогично сердцу Бога, Который хочет, чтобы ни одна душа не пропала.

59

Милосердие Моисея возделывалось в испытаниях

Конечно же Моисей не обладал подобным милосердием буквально с самого рождения. Хотя он был Иудеем, его воспитывали как сына Египетской принцессы, и он не испытывал недостатка ни в чем. Он получил образование, которое было доступно высшему классу египтян, овладел навыками боевого искусства. Ему были свойственны надменность и самоправедность. Однажды он увидел как египтянин бил Иудея, и, движимый самоправедностью, Моисей убил египтянина.

Из-за этого он в одну ночь превратился в беглеца. Потеряв все, он, с помощью священника Мадиамского, стал пастухом в пустыне. Для египтянина пасти овец было занятием совсем низкого уровня. В течение сорока лет ему приходилось делать работу, на которую он привык смотреть свысока. А между тем, именно в это время он полностью усмирил себя и многое понял о любви Божьей и жизни.

Бог призвал стать лидером Израильтян не египетского принца Моисея. А Бог призвал Моисея-пастуха, которому пришлось много раз смирять себя, даже в тот самый момент, когда его призывал Бог. Он стал полностью смиренным, очистил свое сердце от грехов, проходя через испытания, и поэтому он сумел вывести более 600.000 человек из Египта и повести их за собой в землю Ханаанскую.

Чтобы в нас взросло милосердие, очень важно культивировать в себе благость и любовь, усмирив себя пред Богом в испытаниях, через которые нам дозволено пройти.

Степень нашего смирения сказывается также и на нашей способности проявлять милосердие и доброту. Но если мы довольны своим уровнем мышления, которое сложилось, в определенной степени, под влиянием истины, если мы уверены, что за это нас почитают люди, как это было в случае с Аароном и Мариам, то все это делает нас только более надменными.

Добродетельная щедрость совершенствует духовное милосердие

Для того чтобы обрести такое качество, как духовное милосердие, мы должны не только стать освященными, отбросив от себя все формы зла. Нам следует также культивировать в себе способность быть добродетельно щедрыми. Добродетельная щедрость – это умение понимать и принимать людей, совершать поступки, которые соответствуют предназначению человека; это характер, способный смягчить и усмирить сердца людей, но не силой, а умением понять и принять их такими, какие они есть. Те, кому это свойственно, могут своей любовью вселить уверенность в окружающих, вызвать их доверие.

Добродетельная щедрость подобна одежде, которую носят люди. Какими бы прекрасными внутренними качествами мы ни обладали, но если мы появимся голыми на людях, на нас все будут смотреть с недоумением. Так же и с милосердием: какими бы милосердными мы ни были, мы не сможем продемонстрировать истинную ценность милосердия, не будучи добродетельно щедрыми. Возьмем такой пример: человек обладает внутренним милосердием, но, общаясь с другими, он говорит множество ненужных вещей. Хотя он делает это без злого умысла, тем не менее, ему из-за этого не удастся завоевать доверие других, потому что он не производит впечатление человека воспитанного и образованного. Будучи милосердными, некоторые люди не испытывают враждебных чувств к другим, не причиняют им вреда. Однако если они при этом не оказывают активной помощи ближним, не заботятся о них с нежностью, им будет трудно завоевать сердца людей.

Цветы без ярких красок и приятного аромата не притягивают к себе пчел и бабочек, как бы много нектара в них ни было. То же можно сказать и о милосердных людях: даже если их бьют по одной щеке и они оборачивают другую, тем не менее, их милосердие не прольется светом на других, если в своих словах и поступках они не будут добродетельно щедрыми.

Такой добродетельной щедростью обладал Иосиф. Он был одиннадцатым сыном Иакова, отца всего Израиля. Он был ненавистен своим братьям, и те продали его в юном возрасте в рабство в Египет. Однако с Божьей помощью он стал премьер-министром Египта в тридцать лет. Египет в то время был мощным государством, расположенным в долине реки Нил. Египет был одной из четырех основных «колыбелей цивилизации». Правители и народ были очень горды собой, и Иосифу, как иноземцу, было не так-то и просто стать премьер-министром. Если бы он допустил хоть малейшую провинность, ему бы пришлось немедленно уйти в отставку.

Но даже в такой ситуации Иосиф очень хорошо и мудро управлял Египтом. Он был добрым и скромным, не допускал никаких оплошностей ни в словах, ни в поступках. Он был наделен властью, которая уступала только власти фараона, однако он не старался доминировать над людьми или превозносить себя. Он был строг к себе, но очень щедр и деликатен с другими. Поэтому фараону и его министрам не приходилось что-либо скрывать от него, остерегаясь его, и завидовать ему, и они ему полностью доверяли. Мы можем прийти к этому выводу, приняв во внимание тот факт, что египтяне доброжелательно приняли членов семьи Иосифа, которые переехали из Ханаана в Египет, спасаясь от голода.

Милосердие и доброта Иосифа сопровождались добродетельной щедростью

Если человек добродетельно великодушен, то это значит, что у него широкое сердце и он не будет осуждать и судить окружающих, опираясь на свои стандарты, даже если он прав в своих поступках и делах. Это качество Иосифа особо проявилось тогда, когда его братья, которые продали его в рабство, пришли в Египет, чтобы купить еды.

Вначале братья не узнали Иосифа. И это понятно, ведь они не видели его более двадцати лет. Кроме того, они, конечно же, и предположить не могли, что Иосиф стал премьер-министром Египта. А что почувствовал Иосиф, увидев своих братьев, которые хотели убить его, а потом все

63

же продали в рабство в Египет? В его власти было заставить их заплатить за свой грех. Однако Иосиф не собирался мстить им. Скрывая, кем он был на самом деле, Иосиф испытал их несколько раз, чтобы убедиться, что их сердца не остались такими же, какими они были прежде.

На самом деле, Иосиф давал им шанс самим покаяться в своих грехах пред Богом, потому что они, задумав убийство, продали родного брата в рабство в другую страну, а это – уже не мелкие проступки. Но и не желая просто так, без разбора, прощать или наказывать их, он направил ситуацию в такое русло, чтобы его братья сами покаялись в своих грехах. И, после того как братья, осознав свою вину, раскаялись в содеянном, Иосиф сказал им, кто он.

И братья его испугались. Их жизнь была в руках Иосифа, который стал премьер-министром Египта, сильнейшего государства на земле того периода времени. Однако у Иосифа и в мыслях не было спрашивать их о том, почему они так поступили с ним. Он не угрожал им, говоря «вот теперь-то вы поплатитесь за свои грехи». Наоборот, он старался утешить их, принести им умиротворение. *Но теперь не печальтесь и не жалейте о том, что вы продали меня сюда, потому что Бог послал меня перед вами для сохранения вашей жизни* (Бытие, 45:5).

Он признал тот факт, что все произошло по Божьему плану. Он не просто искренне простил своих братьев, он еще и успокаивал их трогательными словами, полностью понимая их. Это означает, что Иосиф вел себя так, что мог растрогать даже врагов, а это и есть проявление добродетельной щедрости. Милосердие Иосифа, сопровождаемое добродетельной щедростью, стало источником силы, которая способствовала спасению многих жизней во всем Египте и исполнению удивительного плана Божьего. Как уже было сказано, добродетельная щедрость – это внешнее проявление внутренней доброты и милосердия, и ею можно завоевать многие сердца и явить мощную силу.

Чтобы стать добродетельно щедрыми, нужно быть освященными

Так же как через освящение обретается такое внутреннее качество, как милосердие, добродетельную щедрость можно взрастить в себе, лишь очистившись от зла и став освященными. Конечно, даже неосвященный человек, в той или иной степени, способен совершать добродетельные и щедрые поступки в зависимости от своего воспитания или широты сердца, с которым он родился. Однако истинно добродетельная щедрость может исходить только из сердца, которое свободно от зла, которое послушно только истине. Если мы хотим быть добродетельными в полной мере, то мало лишь удалить из сердца корни зла. Мы должны уничтожить в нем все следы зла.

В Евангелии от Матфея, 5:48, говорится: *«Итак, будьте совершенны, как совершен Отец ваш Небесный»*. Когда мы очищаем свое сердце от всякого зла и становимся непорочными в словах, в делах и в поведении, тогда мы можем взрастить в себе такое милосердие, что многие люди смогут найти в нас успокоение. Поэтому, достигнув определенного уровня, когда мы, наконец, очистились от таких грехов, как ненависть, зависть, ревность, надменность, вспыльчивость, мы не должны удовлетворяться достигнутым. Мы должны устранить даже малейшие погрешности в своем поведении и с помощью Слова Божьего, горячих молитв и водительства Святого Духа совершать поступки, которые соответствуют истине.

О каких недостатках плотского поведения идет речь? В Послании к Римлянам, 8:13, говорится: *«Ибо если живете по плоти, то умрете, а если духом умерщвляете дела плотские, то живы будете».*

Под «плотью» здесь подразумевается не наше физическое тело. Плоть, в духовном понимании, – это тело человека, после того как в нем не осталось истины. Поэтому дела плотские – это дела неправедные, совершаемые людьми, превратившимися в плоть. К делам плотским относятся не только явные грехи, но также и любое несовершенство в поведении и поступках.

В прошлом я испытал нечто необычное. Когда бы я ни прикасался к какому-либо объекту, меня било током, и я невольно отдергивал руку. Я буквально боялся к чему-либо прикоснуться. Но если мне все же нужно было до чего-то дотронуться, то я, естественно, обращался в молитве к Господу. Если я касался предмета с осторожностью, то подобного ощущения у меня не возникало. Когда я открывал двери, то мне нужно было аккуратно придерживать дверную ручку. Мне приходилось также быть очень осторожным, пожимая руки членам церкви. Это необычное явление продолжалось в течение нескольких месяцев, и все мои движения невольно стали очень осторожными и деликатными. Позднее я понял, что Бог через этот опыт сделал все движения моего тела более совершенными.

Как бы тривиально это ни звучало, но все же очень важно то, как человек ведет себя. Некоторые по привычке прикасаются к другим людям, когда смеются, или когда говорят с людьми, которые стоят рядом с ними. Некоторые громко говорят, не придавая значения времени и месту, где они находятся, и тому, что они причиняют неудобства другим. Хотя такое поведение нельзя назвать серьезным недостатком, тем не мене, все это – проявления несовершенства плотского поведения. Добродетельно щедрые люди в своей повседневной жизни ведут себя достойно, и их присутствие многим приносит покой.

Изменить свойства сердца

Далее, чтобы обрести добродетельную щедрость, мы должны возделывать свойства своего сердца. Свойства сердца указывают на его размер. В зависимости от свойств сердца людей, одни из них делают больше, чем от них ожидалось, тогда как другие выполняют только то, что им поручено, или даже менее того. У человека, который отличается добродетельной щедростью, сердце – большое и широкое, поэтому его волнуют не только личные проблемы: он может также позаботиться и о других людях.

В Послании к Филиппийцам, 2:4, говорится: *«Не о себе*

[только] каждый заботься, но каждый и о других». Это свойство сердца может меняться в зависимости от того, сколько широты сердца мы проявляем в каждой ситуации, поэтому, прилагая постоянные усилия, мы можем его изменить. Если мы нетерпеливы и ко всему подходим, учитывая только собственные интересы, то мы должны молиться о том, чтобы границы наших помыслов изменились и обрели более широкий размах, чтобы мы могли в первую очередь заботиться об интересах людей и учитывать их проблемы.

До того как Иосиф был продан в Египет, его растили, как тепличный цветок. Он не занимался домашними делами, он не мог ни понять сердце братьев, которые не были любимы своим отцом, ни оценить положение, в котором они находились. Пройдя через различные испытания, он обрел сердце, способное управлять и следить за каждым уголком доверенных ему владений, учитывать желания сердец других людей.

Бог расширил сердце Иосифа, готовя его к тому времени, когда он станет премьер-министром Египта. Если и наше сердце обретет такие же, как у него, свойства, будет добрым и непорочным, то мы сможем управлять любой крупной организацией. Такой добродетелью должен обладать каждый лидер.

Благословения для кротких

Какие благословения будут даны тем, кто достигнет совершенства в милосердии, удалив из своего сердца зло и проявляя добродетельную щедрость? В Евангелии от Матфея, 5:5, написано: *«Блаженны кроткие, ибо они наследуют землю»*, а в Псалме, 36:11, мы читаем: *«А кроткие наследуют землю и насладятся множеством мира»*, то есть они станут наследниками земли. «Земля», в данном случае, символизирует место обитания в Царстве Небесном, а «наследовать землю» – значит в будущем наслаждаться величием на Небесах.

Почему именно они будут наслаждаться величием на Небесах? Милосердные люди с сердцем Бога Отца подкрепляют души других людей и смягчают их сердца. Чем более кротким становится человек, тем больше душ, найдя в нем покой и утешение, обретут спасение. Если нам удалось стать прекрасными людьми, в которых многие души нашли покой и утешение, то это становится показателем того, как мы служили людям. В Евангелии от Матфея, 23:11, говорится: *«Больший из вас да будет вам слуга»*.

Кроткий человек, соответственно, сможет насладиться величием и унаследовать пространное место обитания, придя на Небеса. Даже на этой земле за теми, у кого есть власть, достаток, известность и авторитет, следуют многие люди. Однако, если они потеряют все, чем они владели, лишатся власти и авторитета, то большинство людей, которые прежде следовали за ними, оставят их. Духовный авторитет, который дается милосердным людям, отличается от мирского. Он не исчезает и не меняется. На этой земле, если душа преуспевает, то человек здравствует и преуспевает во всем. И к тому же, на Небесах он будет любим Богом и уважаем многими душами вечно.

3. Любовь не завидует

Некоторые хорошие студенты, неправильно ответив на вопросы на экзамене, стараются восполнить пробел в знаниях, прочтя нужный раздел и сделав пометки в своих записях. Они анализируют ошибки и, прежде чем идти дальше, тщательно изучают вопросы, на которые дали неверные ответы. Они утверждают, что это самый эффективный метод, чтобы в короткие сроки продвинуться в знаниях предмета, который им особенно трудно дается. Эту же методику можно применить для возделывания духовной любви. Если мы, детально исследуя свои поступки и слова, будем последовательно избавляться от своих недостатков, то сможем в более короткие сроки обрести духовную любовь. Давайте посмотрим на следующую характеристику духовной любви – «любовь не завидует».

Зависть возникает, когда горечь от ощущения себя несчастными и чувство ревности нарастают, и тогда совершаются злодеяния против других людей. Если в нас есть чувство ревности и зависти, то мы почувствуем враждебность к человеку, видя, что он пользуется большей благосклонностью и расположением людей. Нашу зависть может вызвать тот факт, что кто-то умнее, богаче и успешнее нас, что один из наших сотрудников большего достиг и пользуется авторитетом у многих людей. Иногда мы можем настолько возненавидеть кого-то, что нам захочется любыми путями обмануть и принизить его.

А с другой стороны, подумав: «Вот он пользуется таким

расположением окружающих, а я что?» – мы можем почувствовать и разочарование. Иначе говоря, сравнивая себя с другими, мы неизбежно почувствуем уныние. Некоторые из нас могут подумать, что чувство разочарования – это все же не зависть. Однако любовь сорадуется истине. То есть, если мы наполнены истинной любовью, то мы обрадуемся успехам другого человека. Мы унываем и укоряем себя, не сорадуемся истине, потому что наше эго, или наше собственное «я», все еще живо. А так как наше собственное «я» все еще живо, то наша гордость будет уязвлена, как только мы, сравнив себя с другими, почувствуем себя менее значимыми.

Завистливое мышление, нарастая, выплескивается наружу в виде злобных слов и поступков. О такой зависти и идет речь в этой Главе о любви. Если зависть примет более серьезные формы, то завистник способен даже на убийство. Зависть – это внешнее проявление зла и грязи, которыми наполнено сердце. Завистливым людям трудно получить спасение. Зависть – это дела плоти, которые видимы и очевидны. И эти проявления зависти можно подразделить на несколько критериев.

Зависть в романтических отношениях

Зависть провоцирует человека действовать, когда он хочет получить от окружающих больше любви или внимания, чем они ему дают. Например, обе жены Иакова, Лия и Рахиль, завидовали друг другу, добиваясь особого расположения Иакова. Лия и Рахиль были сестрами, дочерьми Лавана – дяди Иакова.

Иаков женился на Лие вопреки своему желанию и в результате обмана своего дяди Лавана. На самом деле, Иаков был влюблен в младшую сестру Лии, Рахиль. Но Рахиль была отдана ему в жены лишь после 14-ти лет служения дяде. С самого начала Иаков любил Рахиль больше, чем Лию. Однако Лия родила ему уже четверых детей, а Рахиль – пока еще ни одного.

В те времена быть бездетной считалось позором для женщины, поэтому Рахиль постоянно завидовала своей сестре Лие. Зависть настолько ослепила ее, что она стала мучить своего мужа Иакова, говоря ему: *«Дай мне детей, а если не так, я умираю»* (Бытие, 30:1).

И обе женщины, Рахиль и Лия, дали Иакову своих служанок в наложницы, чтобы заслужить большую любовь мужа. Если бы в их сердце была хоть толика истинной любви, то они бы радовались, видя благоволение мужа к другой. Зависть сделала несчастными всех их: и Лию, и Рахиль, и Иакова. Более того, она отразилась и на их детях.

Зависть в ситуации, когда другие более удачливы

Зависть может проявляться в жизни человека по-разному, в зависимости от того, что ему дорого. Но, как правило, мы начинаем завидовать тем, кто богаче нас, кто больше нас знает и умеет, кого больше уважают и любят окружающие. Нередко мы начинаем завидовать в школе, на работе или даже дома тому, у кого дела идут лучше, чем у нас. Мы ненавидим и клевещем на тех, кто большего достиг и преуспевает в жизни. Нам кажется, что, унизив других, мы сможем добиться большего благополучия и доверительного отношения окружающих.

Некоторые люди, к примеру, стараются обозначить ошибки и недостатки своих сослуживцев, навлекая на них подозрения и повышенный контроль со стороны руководителей; а все потому, что таким образом они хотят продвинуться по службе. Студенческая молодежь тоже не исключение. Некоторые учащиеся издеваются и насмехаются над теми, кто добиваются успехов в учебе и пользуются расположением учителей. Дома можно увидеть, как сестры и братья наговаривают друг на друга, лишь бы добиться благосклонности родителей.

Так было и в случае с Каином – первым убийцем в истории человечества. Бог принял жертвоприношение только Авеля. И Каин почувствовал себя уязвленным; в нем зажглась зависть, которая, в конечном итоге, и толкнула его на убийство Авеля. Он, должно быть, многократно слышал от своих родителей, Адама и Евы, о том, что жертва должна быть сделана с пролитием крови животных, он прекрасно знал об этом. *«Да и все почти по закону очищается кровью, и без пролития крови не бывает прощения»* (Посл. к Евреям, 9:22).

И тем не менее, он принес в дар Богу от плодов земли, которую он возделывал. В противоположность ему, Авель принес в дар Богу от первородного стада своего, следуя воле Божьей. Кто-то может сказать, что Авелю не так уж и трудно было принести в жертву агнца, ведь он был был пастырем овец. Но дело вовсе не в этом. Авель, узнав о воле Божьей от

73

своих родителей, хотел исполнить ее. Поэтому Бог принял жертву Авеля. А Каин, вместо того чтобы осознать свою вину, стал завидовать брату. После того как в нем зажегся огонь зависти, его уже было не потушить. В итоге Каин убил Авеля. И сколько боли это принесло Адаму и Еве!

Зависть между братьями по вере

Некоторые верующие завидуют тем братьям и сестрам по вере, кто в церкви занимает более высокую позицию, опережает их в росте в вере, преданно служит Богу. Это особенно свойственно людям одного возраста, положения, стажа в вере, а также близким знакомым.

Судя по тому, что в Евангелии от Матфея, 19:30, говорится, что *«многие же будут первые последними, и последние первыми»*, иногда тот, кто уверовал позже нас, кто младше нас по возрасту и не имеет высоких церковных титулов, может оказаться впереди нас. Это может пробудить в нас зависть. Подобная зависть существует не только среди верующих одной церкви. Она может проявляться между пасторами и прихожанами, между церквями и даже разными христианскими организациями. Казалось бы, когда человек воздает Богу славу, все вместе должны радоваться этому, однако на практике мы видим, что на него сыпятся клевета, обвинения в том, что он еретик; прилагаются усилия,чтобы опорочить имя человека или организацию, которую он представляет. Что чувствуют родители, когда их дети ссорятся и ненавидят друг друга? Даже если дети будут покупать родителям хорошие вещи, еду, это все равно не сделает родителей счастливыми. Если верующие, которые тоже являются такими же детьми для Бога, ссорятся и спорят друг с другом, завидуют друг другу, то это очень огорчает нашего Господа.

Зависть Саула к Давиду

Саул был первым царем Израиля. Он завидовал Давиду всю свою жизнь. Для Саула Давид был рыцарем в сверкающих доспехах, который спас его страну. Когда запугивания Голиафа, единоборца Филистимлян, подорвали боевой дух воинов, Давид стремительно побежал навстречу Филистимлянину и, бросив в него камень из пращи, убил его. Этот поступок Давида принес победу Израилю. С тех пор Давид одержал множество доблестных побед, защищая страну от атак Филистимлян. И именно тогда в отношениях между Саулом и Давидом возникли проблемы. Саул услышал нечто нелицеприятное для себя в возгласах толпы, приветствовавшей Давида, который вернулся с победой с поля битвы: *«Саул победил тысячи, а Давид – десятки тысяч!»* (1-я кн. Царств, 18:7).

Саул очень огорчился и подумал: «Как они могут сравнивать меня с Давидом? Он –никто иной как пастух!»

Чем больше Саул думал об этих возгласах, тем больше нарастал его гнев. Считая, что люди незаслуженно хвалили Давида, он стал с подозрением относиться ко всем его поступкам. Саул, видимо, думал, что Давид делает все, чтобы завоевать сердца людей. Поэтому стрела гнева Саула была

75

направлена на Давида. Он подумал, что если Давид уже завоевал сердца людей, то бунт – это лишь вопрос времени!

Так как эти мысли переполняли его, Саул стал искать возможность убить Давида. Однажды Саула мучил злой дух, а Давид в это время играл для него на струнном инструменте. И Саул, пользуясь возможностью, бросил в него копье. К счастью, Давид уклонился от него. Но Саул не отказался от своего намерения убить Давида. Он постоянно преследовал Давида вместе со своим войском.

Несмотря на это, у Давида не было желания навредить Саулу, который был царем, помазанником Божьим, и царь Саул знал о чувствах Давида. Однако огонь зависти, разгоревшийся в нем, не утихал. Саул все время страдал от тревожных мыслей, вызванных завистью. До последнего дня, пока Саул не был убит в бою с Филистимлянами, зависть к Давиду не давала ему покоя.

Те, кто завидовали Моисею

В Книге Чисел, в 16-й главе, мы читаем о Корее, Дафане и Авироне. Корей был левитом, а Дафан и Авирон были из колена Рувимова. Они затаили обиду против Моисея и его брата и помощника Аарона. Они негодовали оттого, что Моисей был принцем Египетским, а потом изгнанником и пастухом овец в пустыне Мадиамской, и вот теперь он управляет ими. На самом деле, им самим хотелось быть лидерами. Поэтому они налаживали контакты с людьми, чтобы те присоединились к их группе.

Корей, Дафан и Авирон, собрав 250 человек, готовых следовать за ними, надеялись, что теперь они смогут захватить власть. Они пошли к Моисею и Аарону и начали пререкаться с ними. Они заявили: *«Полно вам; все общество, все святы, и среди их ГОСПОДЬ! почему же вы ставите себя выше народа ГОСПОДНЯ?»* (Числа, 16:3).

Но, несмотря на то, что они не знали удержу, борясь против Моисея, он ничего не сказал им в ответ. А лишь опустился на колени пред Богом, чтобы помолиться и дать им возможность осознать свою вину, моля Бога о Его суде. И Бог разгневался на Корея, Дафана и Авирона и тех, кто были с ними. Разверзла земля уста свои и поглотила Корея, Дафана и Авирона вместе с их женами и сыновьями и их младенцами, и они живыми сошли в преисподнюю. И вышел огонь от ГОСПОДА и пожрал двести пятьдесят мужей, вместе с их кадильницами, в которых было курение.

Моисей не причинял людям никакого зла. Он делал все возможное, чтобы вести за собой народ. Он доказал, что Бог был с ними, являя знамения и чудеса. В Египте он показал им Десять казней; он провел их по суше через Красное море, воды которого расступились перед ними; он добыл им воду из скалы и дал им в пищу манну и перепелов в пустыне. И даже после этого они роптали на Моисея, говоря, что он превозносится над ними.

Бог позволил людям увидеть, что завидовать Моисею – это большой грех. Судить и осуждать человека, к которому благоволит Бог, – это то же самое, что судить и осуждать Самого Бога. Поэтому мы не должны беспечно критиковать церкви или организации, которые действуют во имя Господа, говоря, что они заблуждаются, что они – еретики. Так как мы все братья и сестры в Боге, то завидовать друг другу – значит совершать величайший грех пред Богом.

Зависть к бесполезным вещам

Помогает ли нам зависть получить то, что нам хочется? Никак нет! Мы можем поставить людей в затруднительную ситуацию, и нам даже может показаться, что мы уже впереди них, однако все равно нам не достигнуть всего того, что нам хочется. В Послании Иакова, 4:2, говорится: *«Желаете – и не имеете; убиваете и завидуете – и не можете достигнуть; препираетесь и враждуете – и не имеете, потому что не просите».*

Вместо того чтобы завидовать, лучше принять во внимание то, что написано в Книге Иова (4:8): *«Как я видал, то оравшие нечестие и сеявшие зло пожинают его».* То зло, которое вы сделали, бумерангом вернется к вам.

Воздаянием за посеянное вами зло могут стать несчастья, которые обрушатся на вас в семье или на работе. В Притчах, 14:30, говорится: *«Кроткое сердце – жизнь для тела, а зависть – гниль для костей»,* так что завидовать – значит наносить себе вред. Так какой же в этом резон?! Поэтому, если вы хотите в чем-то опередить других, просите об этом Бога, Который контролирует все, а не тратьте свою энергию на завистливые помыслы и поступки.

Конечно же вы не сможете получить все, о чем просите. В Послании Иакова, 4:3, говорится: *«Просите и не получаете, потому что просите не на добро, а чтобы употребить для ваших вожделений».* Вы не сможете получить того, что просите для собственного вожделения, потому что это противно воле Божьей. А между тем, очень часто люди просят, именно идя на поводу у своих похотей. Они просят богатства, славы и власти, чтобы потешить свою гордость и обеспечить себе комфорт. В своем служении я сталкивался с такими фактами, и они очень печалят меня. Настоящим и истинным благословением является преуспевание души человека, а не богатство, не слава и не власть.

Чем бы вы ни владели, что бы ни доставляло вам удовольствие, какой от всего этого прок, если вы не получите спасения? Мы должны помнить, что все, что есть на этой земле, исчезнет, как пар. В 1-м послании Иоанна, 2:17, говорится: *«И мир проходит, и похоть его, а исполняющий волю Божию пребывает вовек»;* а в Книге Екклесиаста, 12:8, написано: *«Суета сует, сказал Екклесиаст, все – суета!»*

Я надеюсь, что вы не будете завидовать своим братьям и сестрам, цепляясь за бессмысленные вещи этого мира, а обретете сердце, достойное в очах Божьих. Тогда Бог ответит на желания вашего сердца и даст вам вечное Царство Небесное.

Зависть и духовные желания

Люди верят в Бога и в то же время завидуют, потому что в них мало веры и любви. Если вы недостаточно любите Бога и мало верите в Царство Небесное, то вы будете завидовать, жаждая богатства, славы и власти в этом мире. Если вы до конца верите в то, что у вас есть права детей Божьих и Небесное гражданство, то братья и сестры во Христе будут вам дороже, чем ваша мирская семья. Ведь вы верите в то, что будете жить с ними вечно на Небесах.

Но и неверующие, не принявшие Иисуса Христа, будут дороги нам, ведь мы должны привести их в Царство Небесное. С верой культивируя в себе истинную любовь, мы будем любить ближних, как самих себя. В этом случае благополучие других будет радовать нас так же, как собственное. Те, в ком есть истинная любовь, не будут обольщаться бессмысленными мирскими вещами, а постараются проявить усердие в работе для Господа, чтобы силой взять Царство Небесное. Иными словами, их желания будут духовными.

«От дней же Иоанна Крестителя доныне Царство Небесное силою берется, и употребляющие усилие восхищают его» (От Матфея, 11:12).

Духовное желание, конечно же, отличается от зависти. Желание делать работу для Господа с энтузиазмом и преданностью очень важно. Однако нельзя допустить, чтобы это рвение переходило границы, удалялось от истины или становилось преткновением для других. Горя в своей работе для Господа, мы должны учитывать нужды окружающих нас людей, думать об их интересах и стремиться к миру со всеми.

Любовь, описанная в Главе о любви

Есть люди, которые всегда чем-то хвалятся, говоря о себе. Их не волнует, что при этом чувствуют другие люди. Они тщеславятся тем, что у них есть, стремясь заслужить признание окружающих. Иосиф однажды с гордостью рассказал своим братьям о том, какой сон ему приснился. И это заставило братьев возненавидеть его. Будучи самым любимым сыном своего отца, он не понимал, как чувствовали себя при этом его братья. Позже он был продан в рабство в Египет и прошел через многие испытания, чтобы, в конечном итоге, взрастить в себе духовную любовь. Если люди еще не возделали в себе духовную любовь, то бывает так, что они нарушают мир тем, что превозносятся и возвышают себя. Вот почему Бог говорит: «Любовь не превозносится».

Превозноситься, иначе говоря, означает выставлять напоказ свои достоинства. Если люди делают что-то лучше других, то им, как правило, хочется добиться признания окружающих. К чему же приводит подобное превозношение?

Некоторые родители, к примеру, напыщенно превозносят своих детей, гордясь их успехами в учебе. Конечно, кто-то может и порадуется вместе с ними, однако у большинства из слушающих может быть задета гордость, а некоторые из них могут даже озлобиться. Из-за этого они без видимой причины могут дать очередной нагоняй собственным детям. Как бы хорошо ни учился ваш ребенок, но, если вы способны проявить хоть немного благости, пощадив чувства других, вы не станете превозносить своего ребенка.

Тщеславные люди менее всего склонны, оценив чью-то хорошую работу, воздать ему должное за это. Любыми путями они постараются умалить заслуги других людей, полагая, что признание чьих-то достоинств затмевает их собственные. Это лишь один из примеров того, как превозношение может повлечь за собой проблемы. Хвастливое сердце, поступая так, отдаляется от истинной духовной любви. Может быть, вы и думаете, что, превознося себя, вы добьетесь признания окружающих, но на самом деле вам будет трудно вызвать к себе искренние уважение и любовь. Более того, люди будут завидовать вам, злиться и с ревностью следить за вами. *«Вы, по своей надменности, тщеславитесь: всякое такое тщеславие есть зло»* (Посл. Иакова, 4:16).

Любовь к миру порождает гордость житейскую

Почему люди превозносят себя? Потому что в них есть гордость житейская. Гордость житейская – это самомнение, которое возникает из-за тяги к удовольствиям этого мира. Она возникает из-за любви к миру. Обычно люди хвалятся теми вещами, которые считают ценными лично для себя. Те, кто любят деньги, будут гордиться тем, что они у них есть; для тех, кому важен внешний вид, будут хвалиться своей одеждой. То есть у них на первом месте не Бог, а деньги, внешний вид, слава или власть в обществе.

Один из членов нашей церкви был успешным предпринимателем. Он продавал компьютеры бизнескорпорациям Кореи и стремился к расширению своего бизнеса. Взяв различные кредиты, он инвестировал их в интернет-кафе и интернет-вещание. Он основал компанию со стартовым капиталом два миллиарда корейских вон, что составляет, примерно, два миллиона долларов США.

Однако оборот был слабым, и у него росли потери, что, в конечном итоге, привело к банкротству компании. Его дом был продан с аукциона, кредиторы гонялись за ним. Ему приходилось жить в полуподвальных или чердачных помещениях. И тогда он стал анализировать свое прошлое. Он осознал, что хвалился своими успехами и был жадным до денег. И он прочувствовал, какие проблемы он создавал окружающим своим неуемным желанием расширять бизнес.

Искренне покаявшись пред Богом и победив в себе жадность, он стал чувствовать себя счастливым даже тогда, когда ему приходилось чистить канализацию и отстойники. Бог учел его ситуацию и показал ему путь, как начать новый бизнес. И теперь, поскольку он выбирает верные пути, его бизнес процветает.

В 1-м послании Иоанна (2:15-16) сказано: *«Не любите мира, ни того, что в мире: кто любит мир, в том нет любви Отчей. Ибо все, что в мире: похоть плоти, похоть очей и гордость житейская, не есть от Отца, но от мира сего».*

Езекия, тринадцатый царь Южной Иудеи, был непорочен в глазах Божьих. Он очистил Храм. Он преодолел вторжение Ассирии благодаря молитве. А когда он заболел, то после его молитвы со слезами, Бог продлил его жизнь еще на 15 лет. И все-таки в нем оставалась гордость житейская. После того как он оправился от своей болезни, Вавилон направил к нему своих посланников.

И обрадовался Езекия посланным и показал им дом со всеми своими сокровищами: серебро и золото, ароматы и драгоценные масти, все оружие в доме и все, что находилось в сокровищницах. Из-за его хвастливости Южная Иудея была захвачена Вавилоном, и все сокровища были из нее вывезены (Кн. пророка Исаии, 39:1-6). Хвастовство порождается любовью к миру, которая свидетельствует об отсутствии у человека любви к Богу. Поэтому, чтобы взрастить в себе истинную любовь, необходимо очистить свое сердце от гордости житейской.

Хвалиться в Господе

Иногда бывает так, что хвалиться – это хорошо. Речь идет о случаях, когда мы хвалимся Господом, как сказано во 2-м послании к Коринфянам (10:17): *«Хвалящийся хвались о Господе»*. Хвалиться Господом – значит воздавать славу Богу, и, в этом плане, чем больше мы хвалимся, тем лучше. Хорошим примером такого хвастовства является «свидетельство».

В Послании к Галатам, 6:14, Павел сказал: *«А я не желаю хвалиться, разве только крестом Господа нашего Иисуса Христа, которым для меня мир распят, и я для мира»*.

Как нам сказано, мы хвалимся Иисусом Христом, Который спас нас и дал нам Небесное Царство. Наши грехи обрекли нас на вечную смерть, но благодаря Иисусу, заплатившему за наши грехи, мы обрели вечную жизнь. Насколько же мы должны быть благодарны Ему!

По этой причине апостол Павел хвалится своими немощами. Во 2-м послании к Коринфянам, 12:9, говорится: *«Но [Господь] сказал мне: „довольно для тебя благодати Моей, ибо сила Моя совершается в немощи". И потому я гораздо охотнее буду хвалиться своими немощами, чтобы обитала во мне сила Христова».*

На самом деле, Павел совершил очень много знамений и чудес, и даже платки и опоясания с тела его исцеляли больных. Он предпринял три миссионерские поездки, приведя к Господу большое количество людей и основав церкви во многих городах. Но при этом он говорил, что это не он проделал всю эту работу. Он хвалился только тем, что обрел благодать от Бога и силу от Господа, что и позволило ему делать все то, что он делал.

Сегодня многие люди делятся свидетельствами о том, как они встретились с Живым Богом и как они ощущают Его присутствие в своей повседневной жизни. Они свидетельствуют о Божьей любви, рассказывают о том, как были исцелены от болезней, получили финансовые благословения, мир в семье, когда стали искренне искать Бога и когда доказали свою любовь к Нему на деле.

В Притчах, 8:17, написано: *«Любящих меня я люблю, и ищущие меня найдут меня».* Нашедшие Бога благодарны за то, что ощутили величайшую любовь Бога и обрели крепкую веру, а это значит, что они получили духовные благословения.

85

Если они хвалятся в Господе, то они воздают славу Богу и насаждают веру и жизнь в сердца людей. Поступая так, они собирают награды на Небесах и желания их сердец исполняются намного быстрее.

Однако есть нечто такое, в чем мы должны проявлять осторожность. Некоторые люди говорят, что они воздают славу Богу, а на самом деле стараются показать окружающим себя и то, что они сделали. Они подспудно преподносят все так, будто бы они получили благословения благодаря их собственным усилиям. Кажется, что как будто бы они воздают славу Богу, а на самом деле они ставят все в заслугу себе. Сатана выдвигает обвинения против таких людей. В итоге их самохвальство будет выявлено, и они столкнутся с разного рода испытаниями и искушениями, или же, не добившись признания окружающих, они отдалятся от Бога.

В Послании к Римлянам, 15:2, говорится: *«Каждый из нас должен угождать ближнему, во благо, к назиданию»*. Как сказано, мы всегда должны говорить с ближними так, чтобы назидать их, сеять в них веру и жизнь. Вода, как известно, пройдя через фильтр, очищается. По аналогии с этим, должен быть фильтр и для слов. Прежде чем мы их произнесем, стоит подумать, способствуют ли наши слова к назиданию или же они ранят чувства слушателей.

Отбросить гордость житейскую

Даже если людям есть, чем гордиться, все равно никто не сможет жить вечно. После этой земной жизни каждый должен будет отправиться либо на Небеса, либо в ад. На Небесах даже дороги, по которым мы будем ходить, сделаны из золота. Богатство Небес не идет ни в какое сравнение с богатством этого мира. Так что в хвастовстве мирскими ценностями нет никакого смысла. И, кроме того, какой резон человеку гордиться своими благополучием, славой, знаниями и силой, если в конечном итоге он окажется в аду?

Иисус сказал: *«Какая польза человеку, если он приобретет весь мир, а душе своей повредит? или какой выкуп даст человек за душу свою? ибо приидет Сын Человеческий во славе Отца Своего с Ангелами Своими и тогда воздаст каждому по делам его»* (От Матфея, 16:26-27).

Мирская гордость не может принести вечного удовлетворения. Она, скорее, порождает бессмысленные желания и ведет нас к погибели. Осознав это и наполнив свои сердца надеждой на Небеса, мы обретем силу, необходимую для того, чтобы избавиться от гордости житейской. Это подобно тому, как ребенок, получив новую современную игрушку, с легкостью расстается с прежней, которая устарела и стала ненужной. Узнав о великолепии и красоте Царства Небесного, мы перестаем цепляться за земное и отказываемся от борьбы за мирские вещи.

Отбросив гордость житейскую, мы будем хвалиться только Иисусом Христом. Мы поймем, что в этом мире нет ничего такого, чем стоило бы гордиться. Если уж чем гордиться, так только благодатной возможностью наслаждаться вечностью в Царстве Небесном. От этого мы наполнимся радостью, неведомой нам прежде. Даже столкнувшись с какими-то трудностями на своем жизненном пути, мы преодолеем их без труда. Мы будем лишь благодарить за любовь Бога, отдавшего Своего Единородного Сына Иисуса, чтобы спасти нас. От чего мы будем наполняться радостью при любых обстоятельствах. Если нас не влечет гордость житейская, то мы не станем превозноситься, когда нас хвалят, и не будем разочаровываться, когда получаем нарекания. Получив похвалу, мы примем ее со смирением, а нарекания примем с благодарностью и постараемся измениться.

5. Любовь не гордится

Те, кто гордятся собой, часто считают себя лучше других, и это делает их надменными. Если у них все дела идут на лад, то им кажется, что они хорошо потрудились и начинают тщеславиться собой и лениться. Библия говорит, что гордыня – это одно из зол, которое Богу особо ненавистно. Гордыня побудила людей, конкурируя с Богом, начать строить Вавилонскую башню, из-за чего Бог разделил языки.

Характеристика высокомерных людей

Высокомерный человек не считает других лучше себя и относится ко всем с презрением и пренебрежением. Такой человек чувствует свое превосходство над другими во всех отношениях. Он полагает, что он лучше всех. Он с презрением, сверху вниз, смотрит на окружающих, и старается поучать их во всем. Его высокомерие особенно проявляется по отношению к тем, кто занимает более низкое положение. Он демонстрирует свою чрезмерную надменность даже по отношению к тем, кто учил и направлял его, кто находится выше него на служебной или социальной лестнице. Он не желает слушать ни советов, ни порицания или наставлений старших. Он жалуется и при этом думает: «Мой руководитель сам не знает, что говорит. Я и сам все знаю и могу с этим прекрасно справиться».

Такой человек часто ссорится и спорит с другими людьми.

В Притчах, 13:10, написано: «*От высокомерия происходит раздор, а у советующихся – мудрость*».

Во 2-м послании к Тимофею, 2:23, говорится: «*От глупых и невежественных состязаний уклоняйся, зная, что они рождают ссоры*». Вот поэтому большая глупость и заблуждение думать, что только ты один прав.

Совесть и знания у всех людей разные. А все потому, что сами люди все разные, и каждый в своей жизни видел, слышал, испытал что-то свое и чему-то был научен. Однако многие из этих познаний ошибочны, а какие-то из них запомнились в искаженном виде. Но если их применять долгое время, то они станут твердыней нашего сознания и сформируют в нас самоправедность и стереотипы мышления. Самоправедность – это настойчивая уверенность в том, что правильным является только наше собственное мнение. И если эта мысль плотно закрепится в сознании, то она превратится в стереотип мышления. У некоторых людей стереотипы мышления формируются под влиянием их личности или полученных ими знаний.

Стереотипы подобны скелету человеческого тела, который определяет строение каждого, и, когда он сформировался, его уже трудно сломать. Мысли большинства людей продиктованы их самоправедностью и стереотипами мышления. Человек с чувством неполноценности болезненно реагирует, если кто-либо указывает пальцем на его недостатки. Есть такое выражение – богатый человек просто приводит в порядок свои вещи, а люди думают, что он ими тщеславится и похваляется. А если кто-либо использует трудные для понимания высокопарные слова, то окружающие могут подумать, что он хочет блеснуть своими знаниями и смотрит на них свысока.

В начальных классах я узнал от своей школьнойучительницы, что статуя Свободы находится в Сан-Франциско. Я очень хорошо запомнил, как она учила меня, показывая фотографию и карту Соединенных Штатов. В начале 90-х я приехал в США для проведения Объединенного служения пробуждения. Тогда-то я и узнал, что статуя Свободы находится в городе Нью-Йорке.

По моим представлениям, статуя Свободы должна была находиться в Сан-Франциско, поэтому я не понимал, почему она оказалась в Нью-Йорке. Я спросил об этом у людей, бывших рядом со мной, и они подтвердили, что статуя Свободы действительно находится в Нью-Йорке. И я осознал, что некоторые мои знания, в правдивости которых я не сомневался, оказались неверными. Тогда я и подумал, что многое из того, что мне казалось правильным, возможно, тоже ошибочно. Часто люди, убежденные в своей правоте, настаивают на том, что не является правильным.

Высокомерные люди даже тогда, когда они не правы, не признаются в этом; они будут усиленно отстаивать свое мнение, создавая почву для ссоры. Люди же смиренные не станут ссориться, даже если другой человек явно не прав. Даже будучи на все 100 процентов уверенными в своей правоте, они все равно не исключают, что могут и ошибаться. У них нет ни малейшего намерения победить в споре с другими.

В смиренном сердце есть духовная любовь, которая других

почитает выше себя. Даже если они менее удачливы, хуже образованы и занимают более низкое социальное положение, это смирение позволяет им искренне почитать других выше себя. Каждая душа драгоценна и дорога Иисусу настолько, что Он пролил за нее Свою Кровь.

Плотское высокомерие
и духовное высокомерие

Если человек горд собой, старается показать себя, смотрит на других свысока, то его высокомерие заметно сразу. Когда мы принимаем Господа и приходим к познанию истины, мы легко можем избавиться от плотского высокомерия. А вот от духовного высокомерия избавиться не так-то просто. Что же это такое – духовное высокомерие?

Чем дольше вы посещаете церковь, тем больше вы познаете Слово Божье. Вы также можете заработать какие-то титулы и должности в церкви или вас выберут лидером. В этом случае вам может показаться, что ваше сердце достаточно наполнено знаниями Слова Божьего, и тогда вы подумаете: «Я уже многого достиг. В большинстве случаев прав я!» Вы будете обличать, судить и осуждать других по Слову Божьему, которое накопилось у вас как знание. И при этом вы будете полагать, что судите о том, что правильно, а что неправильно в соответствии с истиной. Некоторые лидеры церкви, преследуя собственную выгоду, нарушают правила и порядок, которым они обязаны следовать. И хотя их поступки явно нарушают порядок в церкви, они, тем не менее, думают: «Для меня это нормально, мое положение позволяет мне делать это». Подобные заносчивые мысли являются духовным высокомерием.

Если мы утверждаем, что любим Бога, но при этом с заносчивым сердцем пренебрегаем Законом и Божьим порядком, то мы говорим неправду. Если мы судим и осуждаем других, то в нас нет истинной любви. Истина учит нас видеть в людях то, что в них есть хорошего, и слышать и говорить о них тоже только хорошее.

«Не злословьте друг друга, братия: кто злословит брата или судит брата своего, тот злословит закон и судит закон; а если ты судишь закон, то ты не исполнитель закона, но судья» (Посл. Иакова, 4:11).

Что вы чувствуете, когда видите слабые стороны других людей?

Джек Корнфилд в своей книге *«Искусство прощения, любви, доброты и мира»* пишет об отношении к проступкам людей:

«В Южноафриканском племени Бабемба, человека, который ведет себя безответственно или нарушает закон, выводят на середину деревни. Он стоит один, его движения ничем не скованы. В это время вся работа в деревне прекращается, и каждый мужчина, каждая женщина и каждый ребенок этого племени собираются вместе и образовывают вокруг

93

провинившегося соплеменника большой круг. Все члены этого племени, по очереди обращаясь к обвиняемому, стоящему в центре круга, напоминают ему о том хорошем, что он сделал в своей жизни. Каждый случай, каждый факт пересказываются обстоятельно, во всех деталях. Обо всех его положительных качествах, добрых поступках, о его силе и доброте говорится долго и подробно. Эта церемония по традиции занимает несколько дней. Под конец церемонии круг размыкается и начинается радостный праздник; человека из центра круга приветствуют и приглашают вернуться в племя».

После этой церемонии, в людях, совершивших ошибку, восстанавливается самоуважение и появляется желание принять участие в делах своего племени. Говорят, что, благодаря этому уникальному суду, преступления в этом племени – крайне редкое явление.

Видя недостатки в других людях, нам не стоит сразу судить и осуждать их, а лучше проявить милосердие и искреннее сострадание к ним. Так мы сможем проверить, сколько любви и смирения взращено в нас. Постоянно исследуя себя, мы не должны довольствоваться достигнутым лишь на том основании, что мы уже давно стали верующими.

У каждого человека, пока он не стал полностью освященным, есть почва, на которой может взрасти высокомерие. Поэтому очень важно избавиться от корней той природы, которая подпитывает высокомерие. Если мы не удалим его с корнем, горячо молясь об этом, то оно может вновь проявиться в любой момент. Это все равно, что сорняки: если вы не вытащите их с корнем, они продолжат расти, сколько бы вы их ни скашивали. Таким образом, если греховная природа в сердце не полностью искоренена, то, несмотря на долгую жизнь в вере, высокомерие вновь даст о себе знать. Следовательно, пред Господом нам следует быть, как дети, полностью смиренными, считая других лучше себя, и постоянно стараться взращивать в себе духовную любовь.

Высокомерные люди верят в себя

Навуходоносор открыл золотую эру Великого Вавилона. Одно из древних чудес, Висячие сады, были созданы в его время. Он был горд, уверенный в том, что все его царство и все, что в нем было, создано благодаря его могуществу. Он воздвиг самому себе статую и заставил людей поклоняться ей. В Книге пророка Даниила, 4:27, говорится: *«Царь сказал: это ли не величественный Вавилон, который построил я в дом царства силою моего могущества и в славу моего величия!»*

В конечном итоге, Бог дал ему возможность понять, кто является истинным Владыкой мира (Кн. пророка Даниила, 4:31-32). Он был изгнан из дворца, ел траву, как вол, и жил, как дикий зверь, в пустыне в течение семи лет. Какая польза от его трудов была в тот момент? Мы ничего не можем обрести, пока Бог нам этого не дозволит. Семь лет спустя, к Навуходоносору возвратился разум. Он осознал свою высокомерность и признал Бога. В Книге пророка Даниила, 4:34, сказано: *«Ныне я, Навуходоносор, славлю, превозношу и величаю Царя Небесного, Которого все дела истинны, и пути праведны, и Который силен смирить ходящих гордо».*

Речь идет не только о Навуходоносоре. Некоторые верующие говорят: «Я верю в себя». Однако победа в этом мире не так легко дается. Есть множество проблем в мире, решить которые не в человеческих силах. Даже самые прогрессивные научные знания и технологии оказываются бессильными перед стихийными бедствиями, в том числе перед тайфунами, землетрясениями и другими неожиданными природными катаклизмами.

А сколько существует болезней, которые невозможно вылечить средствами современной медицины?! И тем не менее, столкнувшись с проблемами, многие люди рассчитывают больше на себя, чем на Бога. Они полагаются на свои мысли, опыт и знания. Но если все это не приносит успеха и проблемы по-прежнему не решаются, они начинают роптать против Бога, хотя сами же в Него не верили. А причиной всему – высокомерие в их сердцах. Из-за этого высокомерия они не признаются в своей слабости и не хотят смиренно принять Бога.

Особенно печалит то, что некоторые верующие в Бога больше полагаются на мир и на самих себя, чем на Бога. Бог желает, чтобы Его дети преуспевали и жили с Его помощью. Но если вы не хотите смириться пред Богом в своем высокомерии, то Бог не сможет помочь вам. Тогда вы не будете защищены от врага дьявола и ваш жизненный путь не будет успешным. В Притчах, 18:12, говорится: *«Перед падением возносится сердце человека, а смирение предшествует славе»*, то есть причиной поражений и краха является ни что иное, как высокомерие.

Бог считает, что быть высокомерным – глупо. Как же мал человек по сравнению с Богом, у Которого небо – престол, а земля – подножие ног! Все люди были созданы по образу Божьему, и, как дети Божьи, мы все равны, независимо от занимаемого положения. Чем бы мы ни гордились в этом мире, земная жизнь – лишь мгновение. Когда эта короткая жизнь подойдет к концу, все предстанут перед судом Божьим. На Небеса мы будем вознесены в соответствии с тем, что мы делали в смирении на этой земле. Господь вознесет нас, как и обещал нам в Послании Иакова (4:10): *«Смиритесь пред Господом, и вознесет вас»*.

Если вода застоится в маленькой луже, то она протухнет и в ней заведутся черви. А когда вода проточная, она, постоянно стекая по горному склону, рано или поздно вливается в море и дает жизнь многим существам. По аналогии с тем, как река вливается в море, давайте и мы станем великими в очах Божьих, усмирив себя.

	1. Любовь доготерпит
Характерные особенности духовной любви (I)	2. Любовь милосердствует
	3. Любовь не завидует
	4. Любовь не превозносится
	5. Любовь не гордится

6. Любовь не бесчинствует

«Манеры», или «этикет», – это правила поведения в обществе, которые говорят о том, как нужно вести себя и относиться к другим людям. В разных культурах этикет представлен разными нормами поведения, приемлемыми в беседе, за ужином или в таких общественных местах, как, скажем, театр.

Хорошие манеры – важная часть нашей жизни. Социально приемлемое поведение в определенном месте или в определенной ситуации обычно производит благоприятное впечатление на окружающих. И наоборот, если мы не ведем себя должным образом и пренебрегаем этикетом, то наше поведение может поставить в неловкое положение других людей. Кроме того, если мы говорим человеку, что любим его, а при этом ведем себя неприлично по отношению к нему, то он не поверит в то, что мы его любим.

Слово «бесчинствовать» *словарь Мерриам-Уэбстер* объясняет как поведение, выходящее за рамки стандартов, присущих положению человека или условиям его жизни. Есть множество разных правил этикета для повседневной жизни. Они диктуют, к примеру, как здороваться и вести беседу. К нашему удивлению, многие люди, допуская грубости, даже не осознают, что ведут себя неприлично. И от нашей невоспитанности чаще всего страдают те, кто нам близок. Если мы недовольны тем или иным человеком, то мы склонны вести себя грубо по отношению к нему, не заботясь об этикете.

Имея же истинную любовь, мы никогда не будем

бесчинствовать. Предположим, что у вас есть красивое украшение. Будете ли вы беспечно обращаться с ним? Скорее всего, вы будете очень осторожно и бережно пользоваться им, чтобы не сломать, не испортить и не потерять его. С каким же трепетом вы будете относиться к человеку, если вы действительно любите его?

Бесчинство может проявляться в двух случаях – по отношению к Богу и по отношению к человеку.

Проявление бесчинства по отношению к Богу

Если присмотреться к поступкам и прислушаться к словам тех, кто верит в Бога и утверждает, что любит Бога, то окажется, что многие из них, на самом деле, далеки от этого. Примером серьезного проявления неуважения к Богу, например, является дремота во время богослужения.

Дремать во время богослужения – это все равно, что дремать в присутствии Самого Бога. Люди сочтут проявлением грубости, если кто-то станет клевать носом, сидя прямо перед президентом страны или генеральным директором компании. Насколько же, в таком случае, непристойно засыпать в Божьем присутствии? Было бы странно после этого утверждать, что вы любите Бога. Представьте себе, что вы встретились со своим любимым и прямо перед ним уснули. Разве можно сказать после этого, что вы по-настоящему любите этого человека?

И еще: если вы беседуете со своим соседом во время

богослужения или сидите и мечтаете о чем-то постороннем, то это тоже проявление бесчинства. Подобное поведение говорит о том, что у пришедшего на богослужение нет ни почтения, ни любви к Богу.

Подобное поведение влияет и на проповедника. Предположим, что прихожане разговаривают друг с другом, думают о постороннем, дремлют. И тогда проповедник начинает думать, что его проповедь не очень интересна. У него может пропасть вдохновение, получаемое от Святого Духа, и он не сможет проповедовать в полноте Духа. А все это, в конечном итоге, негативно отразится и на других участниках богослужения.

То же самое относится и к тем, кто покидает святилище в середине служения. Конечно, некоторым волонтерам приходится уходить до окончания богослужения, чтобы помочь в организации служения. Однако, не считая исключительных случаев, уйти можно только после того, как служение полностью закончится. Некоторые люди, думая, что «мы просто послушаем проповедь», уходят еще до того, как служба закончена, и это тоже проявление бесчинства.

Богослужение сегодня приравнивается к всесожжению в Ветхом Завете. Когда люди приносили жертву во всесожжение, они должны были разрезать ее на части и потом сжечь на жертвеннике (Левит, 1:9).

Жертвоприношением, в современном смысле этого слова, является полноценное богослужение, от начала до конца, с соблюдением установленной формы. Мы должны всем сердцем стремиться к тому, чтобы соблюдать порядок и последовательность богослужения, начиная с первой молитвы и до последней, до Молитвы Господа и благословения пастора. Что бы мы ни делали в храме – поем ли мы песни прославления или молимся, собираем ли пожертвования или делаем объявления, – мы должны отдаваться этому всем сердцем. Так же, всего себя, нужно отдавать и другим церковным служениям: молитвенному собранию, поклонению и занятиям в ячейке.

Чтобы поклоняться Богу всем сердцем, мы, во-первых, не должны опаздывать на служение. Если опаздывать на встречу с другими считается неприличным, то насколько же неприлично опаздывать на встречу с Богом? Бог всегда ждет нас на том месте, где проходит богослужение, чтобы принять наше поклонение.

Поэтому мы не должны приходить непосредственно к началу службы. Правила хорошего поведения требуют, чтобы мы приходили заранее помолиться, покаяться и подготовиться к служению. И еще: если вы пользуетесь сотовым телефоном, позволяете детям бегать и играть во время службы – это тоже проявления бесчинства.

Важное значение имеет также и то, в чем вы приходите на богослужение. Неприлично приходить в церковь в той же самой одежде, в которой вы ходите по дому или носите на работе. То, во что вы одеты, – это тоже проявление почтения и уважения к людям. Дети Божьи, истинно верующие в Бога, дорожат отношениями с Богом. Поэтому, приходя поклониться Ему, они одеваются опрятно.

Конечно, могут быть и исключения. На служение в среду

или на всенощную в пятницу многие приходят прямо с работы. Так как они спешат, чтобы не опоздать, они приходят прямо в рабочей одежде. В таком случае Бог не скажет, что они ведут себя непочтительно. Напротив, Он будет рад этому и примет благоухание их сердец, так как они стремились вовремя прийти на богослужение, несмотря на занятость по работе.

Бог хочет установить с нами тесное общение через поклонение и молитвы. Есть обязанности, которые дети Божьи должны исполнять. Молитва – это общение с Богом. А есть люди, которые, похлопав по плечу человека, прерывают его молитву, потому что им срочно что-то от него нужно.

Это все равно, что прерывать людей, когда они беседуют со старшими. Если вы открываете глаза и перестаете молиться, потому что вас кто-то окликнул, это тоже проявление бесчинства. В этом случае вам следует сначала завершить молитву, а потом ответить человеку, позвавшему вас.

Если мы поклоняемся Богу и молимся в духе и истине, то Бог воздает нам за это благословениями и наградами. Он гораздо быстрее отвечает на наши молитвы. А все потому, что Он с радостью принимает благоухание нашего сердца. Но если наши бесчинства копятся, и это происходит в течение года-двух и более, то тем самым мы возводим стену греха между собой и Богом. Если в отношениях между мужем и женой, родителями и детьми нет любви, то из-за этого возникает немало проблем. Мы можем не получить ответы на свои молитвы, как бы долго мы ни молились. А правильное отношение к поклонению и молитве даст нам возможность решить многие проблемы.

Церковь – это священный Дом Божий

Церковь – это место обитания Бога. В Псалме, 10:4, мы читаем: *«ГОСПОДЬ во святом храме Своем, ГОСПОДЬ, – престол Его на небесах...»*.

Во времена Ветхого Завета вход в святилище был ограничен. Войти в него разрешалось только священникам. В Святую Святых мог войти только первосвященник и только раз в году. Но сегодня, по благодати Господа, каждый может войти в святилище, чтобы поклониться Богу. Ведь Иисус искупил нас от грехов Своей кровью, о чем в Послании к Евреям, 10:19, написано: *«Итак, братия, имея дерзновение входить во святилище посредством Крови Иисуса Христа...»*.

Святилище – это не только то место, где ведется богослужение. Это вся территория, прилегающая к церкви, включая церковный двор и служебные помещения. Поэтому, приходя в церковь, нужно быть осмотрительными в своих словах и поступках. Мы не должны, находясь в святилище, раздражаться и ссориться, говорить о мирских развлечениях или бизнесе. К тому же, мы не должны небрежно обращаться со святынями Божьими в церкви, ломать, портить или терять их.

Особенно неприемлемо в церкви продавать и покупать что бы то ни было. В наше время, с развитием интернет-магазинов, многие люди делают покупки и платят за них через интернет прямо в церкви и получают их тоже на адрес церкви. Их деловая активность очевидна. Мы должны помнить о том, как Иисус, перевернув столы менял, прогнал тех, кто продавал жертвенных животных. Иисус считал неприемлемым держать в храме даже животных, предназначенных для жертвоприношения. Поэтому в церкви мы не должны ничего ни продавать, ни покупать для личных нужд. Недопустимо также устраивать торговлю на церковном дворе.

Каждое место в церкви должно быть отделено для поклонения Богу, для общения братьев и сестер в Господе. Нужно проявлять особую осторожность в том, чтобы молитвы и частые встречи в церкви не притупили нашего ощущения святости церкви. Если мы любим церковь, то не станем бесчинствовать в церкви, помня слова из Псалма, 83:11, где говорится: *«Ибо один день во дворах Твоих лучше тысячи. Желаю лучше быть у порога в доме Божием, нежели жить в шатрах нечестия»*.

Проявление бесчинства по отношению к людям

Библия говорит, что тот, кто не любит своего брата, не может полюбить Бога. Если мы бесчинствуем по отношению к людям, которых видим, то как же мы будем воздавать почести Богу, Которого не видим?

«Кто говорит: „я люблю Бога”, а брата своего ненавидит, тот лжец: ибо не любящий брата своего, которого видит, как может любить Бога, Которого не видит?» (1-е посл. Иоанна, 4:20).

Давайте рассмотрим проявления бесчинства, наиболее часто встречающиеся в повседневной жизни и которые мы, порой, даже не замечаем. Как правило, если мы заботимся только о собственных интересах и не учитываем нужды других, то неизбежно будем вести себя грубо. Например, разговаривая по телефону, мы должны придерживаться определенного этикета. Если мы звоним кому-то поздно вечером или ведем долгие разговоры по телефону с человеком, который очень занят, то этим мы причиняем ему неудобства. Опаздывать на назначенную встречу, приходить в гости без приглашения или появляться без предупреждения там, где вас не ждут, — все это тоже примеры проявления невоспитанности.

Кто-то может подумать: «К чему соблюдать все эти формальности с людьми, с которыми мы так близки?» Ваши отношения с человеком могут быть действительно хорошими, и, возможно, вы действительно понимаете друг друга. И тем не менее, очень трудно понять сердце другого человека на все 100 процентов. Нам будет казаться, что мы выражаем свое дружеское расположение к человеку, а он может понять это совсем иначе. Поэтому мы должны подходить к ситуации с позиции другого человека. А к близким и к людям, которые доверяют нам, следует относиться особо бережно.

Очень часто мы произносим какие-то необдуманные слова, совершаем беспечные поступки, которые ранят чувства близких нам людей и обижают их. Мы ведем себя грубо по отношению к членам семьи или близким друзьям и вносим напряжение в отношения, которые от этого становятся только хуже. Очень часто старшие недопустимо грубо относятся к тем, кто моложе их по возрасту, или же к тем, кто занимает более скромную должность. А между тем, отсутствие уважения, командный тон вызывают у окружающих чувство дискомфорта.

Сегодня уже трудно найти человека, который бы всем сердцем служил своим родителям, учителям и людям старшего возраста, которым мы должны служить. Некоторые могут сказать, что сейчас не то время, однако есть вещи, которые не изменятся никогда. В Книге Левит, 19:32, говорится: *«Пред лицом седого вставай, и почитай лицо старца, и бойся Бога твоего. Я ГОСПОДЬ»*.

Воля Божья в том, чтобы мы исполняли свои обязанности по отношению к другим людям.Чтобы не бесчинствовать, Божьи дети должны также исполнять законы и правила, установленные в этом мире. Например, если из-за нас возникает переполох в общественном месте, если мы плюем на улице, нарушаем Правила дорожного движения, то такое поведение будет проявлением бесчинства по отношению к окружающим. Мы, христиане, должны быть светом и солью для этого мира, поэтому нам следует быть очень осторожными в словах, поступках и в поведении.

Закон любви – это высший стандарт

Обычно люди большую часть своего времени проводят в общении с другими людьми – они встречаются и разговаривают с ними, обедают или работают вместе. И в повседневной жизни для каждого случая есть свои правила этикета. Однако люди отличаются уровнем образования. В каждой стране у представителей разных расовых групп есть свои особенности поведения. Каких же стандартов тогда должны придерживаться мы?

Этим стандартом является закон любви в нашем сердце. Закон любви установлен Богом, Который и есть сама Любовь. Если Слово Божье войдет в наше сердце и мы будем применять его на практике, то мы сможем относиться к людям так, как отнесся бы к ним Сам Господь, и мы не станем бесчинствовать. В законе любви есть одна особенность. Любовь делает нас предупредительными.

Темной ночью прохожий шел по дороге, держа в руке лампу. Ему навстречу шел другой человек. И когда они поравнялись, этот человек увидел, что прохожий с лампой — слепой. Тогда он спросил его, для чего ему лампа, если он все равно не видит. Тот ответил: «Для того, чтобы ты не наткнулся на меня. Эта лампа для тебя». Эта история дает нам некоторое понимание о том, что значит — быть предупредительным.

Предупредительность по отношению к другим, при кажущейся обыденности, обладает силой смягчать сердца людей. Беспечное отношение к другим является показателем недостатка любви и приводит к бесчинству. Если мы действительно любим кого-то, то всегда будем учитывать его интересы и не допустим бесчинства.

Если при ведении сельскохозяйственных работ удалять все неполноценные плоды, то те, что останутся, получат все доступные им питательные вещества. Тогда у них будет слишком толстая кожица и не очень хороший вкус. Когда мы

107

не учитываем интересы ближних и получаем удовольствие, доступное нам на тот момент, то мы напоминаем те самые толстокожие и безвкусные плоды, которые получили чрезмерное количество подпитки.

В Послании к Колоссянам, 3:23, сказано: *«И все, что делаете, делайте от души, как для Господа, а не для человеков»,* поэтому мы должны служить каждому, проявляя наивысшее уважение. Так, словно мы служим Господу.

7. Любовь не ищет своего

Эгоизм – довольно распространенное явление в современном мире. Люди ищут собственной выгоды, а не того, что было бы благом для других. В некоторых странах производители добавляют вредные химикаты в порошковое молоко, предназначенное для детей. Есть люди, которые наносят большой ущерб своей собственной стране, воруя технологии, которые играют очень важную роль для государства.

Правительству часто трудно найти место для строительства общественных сооружений, в частности таких, как мусорные свалки, крематории, потому, что начинаются протесты местных жителей: «Только не рядом с нами». Никого не заботит то, что удобно другим, всех волнует исключительно собственное благополучие. Пусть не такие явные, но все же проявления эгоизма довольно часто можно встретить в нашей повседневной жизни.

Например, коллеги или друзья решили вместе пообедать. Им нужно выбрать, что они будут есть. Один из них настойчиво предлагает заказать то, что ему хотелось бы поесть. Другой член этой компании соглашается. Хотя выбор еды ему лично не очень нравится, но он всегда вначале поинтересуется мнением других. И потом, независимо от того, понравилось ему блюдо или нет, он будет есть его с радостью. К какой категории людей принадлежите вы?

Группа сослуживцев проводит собрание, чтобы подготовиться к предстоящему событию. Мнения собравшихся разделились. Один из присутствующих настойчиво убеждает всех в преимуществе его идеи. Другой же не очень настаивает на своем, и, хотя ему не нравится предлагаемая идея, он принимает предложение, хотя и без особого энтузиазма.

Есть люди, которые всегда прислушиваются к мнению окружающих. И даже если они сами думают иначе, они обязательно примут во внимание мнение остальных. Поведение человека в той или иной ситуации зависит от того, насколько его сердце наполнено любовью.

Конфликт интересов, который может привести к спорам или ссорам, возникает только потому, что каждый ищет собственной выгоды и настаивает на правоте собственного мнения. Если в браке каждый супруг станет настаивать на своей правоте, то в семье, вместо взаимопонимания, будут постоянные конфликты. Мир возможен только тогда, когда люди уступают друг другу и стараются понять друг друга. А если каждый доказывает правоту своего мнения, то мир очень легко рушится.

Если мы любим кого-то, то будем заботиться об этом человеке больше, чем о самом себе. Примером тому – родительская любовь. Большинство родителей думают о своих детях больше, чем о себе. Матери приятнее услышать «ваша дочь такая красивая», чем «вы – такая красавица».

Вместо того чтобы самим поесть что-то вкусное, они, скорее, с радостью покормят этим своих детей. Они себе не купят красивую одежду, а своих сыновей и дочерей оденут во что-то нарядное. И конечно же им хочется, чтобы дети были более образованными, чем они сами. Им хочется, чтобы их сыновья и дочери пользовались уважением и любовью окружающих. Если бы мы с такой же любовью могли относиться, например, к своим соседям, да и ко всем, кто нас окружает, то этим мы бы только порадовали Бога.

Авраам заботился о людях с любовью

Желание поставить интересы других превыше собственных присуще жертвенной любви. Авраам — прекрасный пример человека, для которого интересы других были на первом месте.

Когда Авраам покидал свои родные места, то за ним последовал его племянник Лот. Лот тоже получил большие благословения благодаря Аврааму, поэтому поголовье их скота настолько увеличилось, что воды и корма на оба стада, принадлежащих Аврааму и Лоту, стало не хватать. Из-за этого между пастухами иногда даже возникали ссоры.

Авраам не хотел нарушать мира, поэтому предоставил Лоту право первым выбрать, какую землю он хотел бы отделить для себя, а какую — оставить ему. Для скота самое главное — пастбище и вода. Там, где жили Авраам и Лот, корма и воды на все поголовье не хватало. И уступить лучшую землю, в этом случае, означало отказаться от самого необходимого для выживания.

Авраам проявил такую заботу о Лоте, потому что очень любил его. Но Лот так и не понял до конца любви Авраама;

111

он просто выбрал лучшую землю, что в долине реки Иордан, и отделился от Авраама. Почувствовал ли Авраам неловкость, видя, что Лот сразу же, без колебаний, забрал себе самое лучшее? Вовсе нет! Он был рад тому, что его племяннику достается лучшая земля.

Бог, видя благое сердце Авраама, благословлял его обильно, куда бы тот ни шел. Он был настолько богат, что его уважали все цари в округе. Как видно из этого примера, мы получаем Божьи благословения, если заботимся вначале об интересах людей и лишь потом – о своих собственных.

Если мы отдаем то, что принадлежит нам, своим любимым, то это доставляет нам самим большую радость. Эту радость могут понять только те, кто пожертвовал самым дорогим ради своих любимых. Иисус наслаждался подобной радостью. Это величайшее счастье можно обрести, культивируя совершенную любовь. Очень трудно дарить что-то тем, кого ты ненавидишь, и совсем не трудно отдать все тем, кого ты любишь. Мы будем счастливы, отдавая им все.

Чтобы наслаждаться величайшим счастьем

Совершенная любовь дает нам возможность насладиться величайшим счастьем. И, для того чтобы обрести такую же совершенную любовь, как у Иисуса, мы должны сначала думать о других, а потом уже о себе. Для нас приоритетными должны быть не собственные интересы, а интересы наших близких, Бога, Господа и церкви, а о нас тогда позаботится

Бог. Когда мы заботимся об интересах людей, Он дает нам даже больше того, что нам нужно, и при этом на Небесах у нас копятся венцы и награды. Вот поэтому в Деяниях, 20:35, Бог говорит: *«...блаженнее давать, нежели принимать»*.

Однако тут нужно внести ясность в один вопрос. Преданно трудясь для Божьего Царства, мы не должны создавать себе проблемы со здоровьем, выходя за пределы своих физических сил. Бог примет наше сердце, оценит преданность, которая превышает пределы наших возможностей. И все же нельзя забывать, что физическому телу нужен отдых. Мы также должны заботиться о том, чтобы преуспевала наша душа. А для этого нам следует не только работать в церкви, но и пребывать в молитвах, постах и изучать Слово Божье.

Некоторые люди создают неудобства или наносят вред членам своей семьи и окружающим, посвящая слишком много времени церковным делам. Например, некоторые люди не могут добросовестно выполнять свою работу, потому что находятся в посте. И есть студенты, которые не делают уроки, потому что участвуют в мероприятиях воскресной школы.

В подобных случаях некоторые из них думают, что они не ищут собственной выгоды, ведь они так усиленно трудятся. Но это не совсем так. Несмотря на то, что они трудятся для Господа, они не проявляют верности во всем доме Божьем, а это означает, что они не до конца исполняют обязанности детей Божьих. А, в конечном итоге, они лишь ищут собственной выгоды.

Что же делать, чтобы преодолеть в себе желание видеть только то, что выгодно самому? Для этого мы должны во всем полагаться на Святого Духа. Святой Дух является сердцем Бога, Он направляет нас к истине. Мы будем прославлять Бога своей жизнью, делая все под водительством Святого Духа, как и говорил апостол Павел: *«Итак, едите ли, пьете ли или иное что делаете, все делайте в славу Божию»* (1-е посл. к Коринфянам, 10:31).

Чтобы все получилось именно так, как было сказано выше, мы должны очистить свое сердце от зла. Кроме того, взрастив истинную любовью в своем сердце, мы обретем благую мудрость, которая поможет нам распознавать волю Божью в каждой ситуации. И, так как наши души будут преуспевать, мы будем здравствовать и преуспевать во всем, сумев доказать свою преданность Богу в полной мере. Нас будут любить и наши соседи, и члены нашей семьи.

Когда новобрачные приходят, чтобы получить молитву благословения, я всегда молюсь о том, чтобы они могли прежде всего заботиться об интересах друг друга. Если они будут думать только о собственных интересах, то в их семье не будет мира.

Мы заботимся об интересах только тех, кого мы любим, или тех, кто может быть нам полезен. А как насчет людей, которые постоянно создают нам трудности и всегда преследуют только собственную выгоду? А как быть с теми, кто причиняет нам вред, или теми, от кого нам нет никакой пользы? Как мы поведем себя с теми, чьи поступки враждебны истине, а в словах всегда одно только зло?

Если мы избегаем подобных людей, ничем не хотим

жертвовать ради них, то это означает, что мы все еще ищем своего. Мы должны уметь пожертвовать собой и уступить тем, чьи взгляды отличаются от наших. Только тогда мы сможем стать людьми, от которых исходит духовная любовь.

8. Любовь не раздражается

Любовь наполняет позитивом сердце человека. Тогда как гнев, наоборот, заряжает сердце негативом. От гнева в сердце человека – боль и тьма. Поэтому, когда мы злимся, мы не можем пребывать в Божьей любви. Ненависть и гнев – главные ловушки, которые враг дьявол расставляет для детей Божьих.

Раздражаться – не значит только злиться, кричать, ругаться и быть жестоким. Как правило, у раздраженного человека искажается лицо, меняется цвет лица, тон голоса становится резким. И хотя в каждом случае раздражение проявляется в разной степени, но всегда при этом выплескивается наружу ненависть и враждебность, которые есть в сердце человека. Однако по тому лишь, как человек выглядит, мы не можем утверждать, что он раздражен. Не так-то это и просто – понять сердце человека.

Однажды Иисус прогнал всех продающих и покупающих в храме, в котором торговцы установили столы и обменивали деньги, продавали волов, овец и голубей тем, кто приходил в Иерусалимский храм на Пасху. Иисус такой кроткий; Он ни с кем не ссорился, не кричал и никто не слышал Его голоса на улице. Но при виде этой сцены Он повел себя совсем иначе, не так, как обычно.

Сделав бич из веревок, Он выгнал овец, волов и других животных, предназначенных для жертвоприношения. Он перевернул столы менял и продавцов голубей. Те, кто видели Иисуса таким, подумали, что Он разгневался на них. Но в данном случае Его гнев был вызван не таким неприязненным чувством, как ненависть. Это был праведный гнев. И своим праведным гневом Он дал нам понять, что нельзя терпимо относиться к осквернению храма. Подобный праведный гнев – это выражение любви к Богу, Который совершенен в Своей справедливости.

Разница между праведным гневом и злобой

В Евангелии от Марка, в 3-й главе, рассказывается о том, как в Субботу Иисус в синагоге исцелил человека с иссохшей рукой. Люди наблюдали за Иисусом, не исцелит ли Он человека в Субботу, чтобы обвинить Его в нарушении Субботы. И Иисус, зная людские сердца, сказал им: *«Должно ли в субботу добро делать, или зло делать? душу спасти, или погубить?»* (От Марка, 3:4).

Их намерения были раскрыты, и им нечего было больше сказать. Гнев Иисуса был направлен против их ожесточенных сердец.

«И, воззрев на них с гневом, скорбя об ожесточении сердец их, говорит тому человеку: протяни руку твою. Он протянул, и стала рука его здорова, как другая» (От Марка, 3:5).

В то время злые люди только и искали причину, чтобы осудить Иисуса и убить Его, хотя Он делал только добрые дела. Поэтому Иисус иногда строго высказывается на их счет.

Он делает это для того, чтобы они сошли с пути, который ведет их к погибели. Так что праведный гнев Иисуса исходит от Его любви. Этот праведный гнев пробуждает людей и дает им жизнь. Раздражение и праведный гнев – это совсем разные вещи. Только тогда, когда сам человек становится освященным и в нем совсем нет греха, его порицание и обличение дает другим душам жизнь. Однако без освященности сердца он не сможет принести такой плод.

Люди могут гневаться по разным причинам. Во-первых, потому что они разошлись во взглядах и у них не совпали желания. Люди отличаются друг от друга своим происхождением, образованием, поэтому у всех у нас разные сердца, мысли и стандарты суждений. Стараясь заставить остальных соответствовать нашим собственным идеалам, мы порождаем злость и обиды.

Предположим, что муж любит хорошо посоленую пищу, а жене это не нравится. И жена может посетовать: «Слишком много соли не очень полезно для здоровья, тебе нужно есть меньше соли». Она советует это, заботясь о здоровье мужа. Но если мужу этого не хочется, то ей лучше не настаивать. Им лучше пойти навстречу друг другу, найти компромисс. Счастливую семью можно создать только совместными усилиями.

Во-вторых, человек может разгневаться, если окружающие не слушаются его. Если человек старше по возрасту или занимает более высокую позицию, то он хочет, чтобы окружающие подчинялись ему. Конечно же уважатьстарших и слушаться тех, кто по иерархии занимает лидирующее положение, – это правильно. Неправильно другое: старшие и руководители не должны принуждать тех, кто младше их или находится на более низкой позиции, подчиняться им.

Некоторые руководители совсем не считаются со своими подчиненными и требуют от них лишь безоговорочного подчинения их указаниям. Бывают случаи, когда люди гневаются, понеся убыток или пострадав от несправедливого отношения к себе. Кроме того, кто-то может разгневаться, если его незаслуженно обижают, если что-то было сделано не так, как он просил или объяснял, или же если его оскорбляют и проклинают.

Еще прежде того как люди разразились гневом, в их сердцах уже было чувство злости. Слова или поступки других людей лишь стимулировали это чувство. И в результате, оно просто выплеснулось наружу в виде гнева. Обычно, наличие зла в сердце – это первопричина гнева. Мы не сможем пребывать в любви Божьей и будем натыкаться на серьезные препятствия в своем духовном росте, если мы гневаемся.

Мы не сможем изменить себя с помощью истины, пока в нас есть чувство негодования. Нам следует избавиться от раздражительности и гневливости. В 1-м послании к Коринфянам, 3:16, говорится: *Разве не знаете, что вы – храм Божий, и Дух Божий живет в вас?*

Давайте же осознаем, что Святой Дух считает наше сердце храмом и что Бог постоянно наблюдает за нами, а потому не стоит раздражаться, если что-то не согласуется с нашими собственными идеями.

119

Гневом человек не достигнет праведности Божьей

Пророк Елисей получил вдвое больше духовных даров, чем их было у его учителя Илии. Он являл более мощные деяния силы Божьей. Он принес бесплодной женщине благословение зачатия; он оживил мертвого, исцелил прокаженного, нанес поражение армии противника. Он очистил воду, непригодную для питья, бросив в нее немного соли. И тем не менее, он умер от болезни, что было необычно для великого пророка Божьего.

Что могло послужить причиной этого? Все началось тогда, когда он шел в Вефиль. Группа малых детей вышла из города. И они стали насмехаться над ним, потому что на его голове было не так уж много волос и выглядел он не очень привлекательно: «...*Иди, плешивый! иди, плешивый!*» (4-я кн. Царств, 2:23).

Их было не двое-трое. Подростков было много, они издевались над Елисеем и позорили его. Он советовал им не делать этого, ругал их, но они не слушались. Они были очень упрямыми и поставили пророка в трудное положение. И ситуация стала невыносимой для Елисея.

После разделения нации Вефиль стал центром идолопоклонства Северного Израиля. У местных детей, выросших в атмосфере идолопоклонства, сердца были явно ожесточенными. Они могли перекрыть проход Елисею, плевать на него и даже бросать в него камни. В итоге, Елисей их проклял. И тогда две медведицы, вышедшие из леса, растерзали 42 ребенка.

Конечно же они сами накликали на себя беду, жестоко насмехаясь над человеком Божьим, однако, это показывает, что и в самом Елисее было чувство жестокости. И это имеет отношение к факту его болезни. Как мы видим, дети Божьи не должны раздражаться. *«Ибо гнев человека не творит правды Божией»* (Посл. Иакова, 1:20).

Чтобы не гневаться

Что же нам делать, чтобы не гневаться? Должны ли мы подавлять гнев с помощью самоконтроля? Чем сильнее мы сдавим пружину, тем с большей силой она распрямится, когда мы уберем руку. То же самое происходит и с гневом. Если мы просто подавляем его, то мы можем в какой-то момент избежать конфликта, но рано или поздно мы все равно не сдержимся. Поэтому, чтобы не раздражаться, мы должны избавиться от гнева. Не стоит лишь подавлять его; мы должны заместить гнев благостью и любовью, а не просто подавлять его в себе.

Вы, конечно, не можете ожидать, что благость и любовь придут на смену гневу в одночасье. Мы должны постоянно, день за днем, прикладывать к этому усилия. Прежде всего ситуацию, которая провоцирует раздражение, нужно отдать Богу и быть терпеливыми. В исследованиях Тома Джефферсона, третьего президента Соединенных Штатов, можно найти такое высказывание: «Когда злитесь, прежде чем говорить, досчитайте до десяти; если вы очень злы, то до ста». А в Корее говорят: «Трижды проявив терпение, можно остановить убийство».

Когда мы злимся, мы должны остановиться и подумать о том, какую пользу принесет наша злость. Тогда мы не сделаем того, чего будем впоследствии стыдиться и о чем сожалеть. Если мы станем молиться и проявлять терпение, то Святой Дух поможет нам быстрее избавиться от злости и гневливости. Если раньше мы злились в десяти случаях из десяти, то постепенно злость начнет утихать. Она будет проявляться в девяти случаях из десяти, потом в восьми и так далее. В итоге, мы не потеряем мир даже в ситуации, которая провоцирует раздражение. Какими же счастливыми мы будем тогда!

В Притчах, 12:16, говорится: *«У глупого тотчас же выкажется гнев его, а благоразумный скрывает оскорбление»*, а в Притчах, 19:11, написано: *«Благоразумие делает человека медленным на гнев, и слава для него – быть снисходительным к проступкам»*.

«Гнев» – это как первая буква «о», с которой начинается слово «опасность». Мы должны понимать, к какой опасности приводит гнев. Окончательная победа будет за тем, кто умеет терпеть. Некоторые люди, даже притом что их что-то злит, умеют контролировать себя, когда они находятся в церкви. Зато, придя домой или находясь в школе или на работе, они очень быстро выходят из себя. А между тем, Бог есть не только в церкви.

Он знает, когда мы сидим и встаем, Он слышит каждое слово, сказанное нами, знает все наши мысли. Он наблюдает за нами повсюду, а Святой Дух обитает в нашем сердце.

Любовь, описанная в Главе о любви

Поэтому мы должны жить так, как если бы мы все время стояли прямо пред Богом.

Одна супружеская пара как-то ссорилась, и муж со злостью закричал на свою жену, требуя, чтобы она закрыла свой рот. Жена пережила такой шок, что до самой смерти больше не произнесла ни слова. Муж, который выплеснул на нее весь свой гнев, так же как и его жена, пережил после этого многие страданий. Наше раздражение может сделать несчастными многих людей, поэтому мы должны приложить все усилия к тому, чтобы избавиться от злобы.

9. Любовь не мыслит зла

В своем служении я часто встречаюсь с самыми разными людьми. У некоторых из них мысли о Божьей любви, о Самом Боге вызывают определенные эмоциональные переживания, и они могут даже прослезиться, тогда как у других в сердце – постоянная тревога, потому что они не познали глубины Божьей любви, хотя они и верят в Бога, и любят Его.

От того, в какой степени мы ощущаем Божью любовь, зависит и наше стремление избавиться от грехов и зла. В той же мере, в какой мы живем по Слову Божьему и очищаем свое сердце от грехов, мы ощущаем Божью любовь в своем сердце, и мы можем расти в вере, не делая остановок. Не исключено, что в своем хождении в вере мы иногда будем сталкиваться с трудностями, однако мы должны помнить о любви Бога, Который все время ждет нас. Помня о Его любви, мы не сможем помышлять о зле.

Мыслить зло

В своей книге *«Исцеление скрытых форм зависимости в жизни»* д-р Арчибалд Д. Харт, в прошлом декан школы психологии в Фуллеровской богословской семинарии, сказал, что в Америке у каждого четвертого молодого человека – серьезная депрессия; эта депрессия, наряду с наркотиками, сексом, интернетом, употреблением алкоголя и курением, губит жизни молодежи.

Как только зависимые люди перестают принимать алкоголь или наркотики, которые искажают их мышление, чувства и поведение, они не могут справиться с трудностями. Наркоман или алкоголик может выбрать и другую форму зависимости, которая будет управлять химическим составом их мозга для побега от реальности. Такими формами зависимости могут быть секс, любовь и отношения с кем-то. Они уже ни отчего не могут получить удовлетворения, они не могут почувствовать благодать и радость, которые дают отношения с Богом, и, по мнению д-ра Харта, это очень серьезная болезнь. Зависимость – это стремление получить удовлетворение от чего угодно, только не от благодати и радости, которые дарует Бог, и это результат пренебрежения Богом. Зло постоянно присутствует в мыслях зависимых людей.

Что значит – «мыслить зло»? Это значит – думать о порочных вещах, которые противоречат Божьей воле. В целом, зло в мыслях может быть разделено на три категории.

Во-первых, в своих мыслях вы желаете неприятностей другим людям.

Допустим, что у вас с кем-то возникла ссора. После этого вы возненавидели его настолько, что вам приходят на ум мысли, вроде этой: «Я желаю ему споткнуться и упасть». Предположим, что у вас не очень хорошие отношения с соседом, и с ним случилось что-то плохое. И тогда вы способны подумать: «Вот так ему и надо», или: «Я знал, что это произойдет». А в студенческой среде кто-то может пожелать своему однокурснику провалить экзамен.

Если вы наполнены истинной любовью, то в ваших мыслях никогда не будет зла. Разве вы пожелаете, чтобы дорогой для вас человек заболел или попал в аварию? Вы всегда будете хотеть, чтобы ваша любимая жена или ваш любимый муж были здоровы и защищены от несчастных случаев. А когда в нашем сердце нет любви, мы желаем другим неприятностей и радуемся их несчастьям.

Когда в нас нет любви, нам хочется знать о проступках и слабостях других людей, чтобы потом рассказать о них еще кому-то. Допустим, что вы участвовали во встрече, на которой говорилось что-то негативное о другом человеке. Если вас интересуют подобные разговоры, то вам следует проверить свое сердце. Предположим, что кто-то начал бы клеветать на ваших родителей, стали бы вы его слушать? Вы бы сразу же остановили его.

Конечно, бывают такие случаи, когда вы должны знать подробности всей ситуации, чтобы помочь людям. Но если это не тот случай, а вам просто интересно слушать, когда о ком-то сплетничают, то в вас кроется желание распространять клевету и сплетни о людях. *Прикрывающий проступок ищет любви; а кто снова напоминает о нем, тот удаляет друга*» (Притчи, 17:9).

Тот, кто добр и чье сердце наполнено любовью, тот постарается прикрыть проступок другого. Обладая духовной любовью, мы не станем испытывать ревность и зависть только из-за того, что кто-то другой живет более обеспеченно, чем мы сами. Мы пожелаем ему благополучия и любви окружающих. А Господь Иисус велел нам любить даже своих врагов. В Послании к Римлянам, 12:14, говорится: *«Благословляйте гонителей ваших; благословляйте, а не проклинайте»*.

Во-вторых, зло в мыслях проявляется в суде и осуждении других.

Предположим, что вы увидели верующего, который идет туда, куда верующим не следует ходить. Какие мысли у вас возникнут в этом случае? Если в вас есть зло, то ваши мысли будут негативными, и вы подумаете: «Как он может так поступать?» Люди, в которых есть хоть немного благости, тоже могут сначала удивиться: «Почему он ходит по таким местам?» – но потом они остановят себя и подумают: «Должно быть, у него для этого есть причины».

Если же в вашем сердце есть духовная любовь, то у вас изначально не возникнет никаких дурных мыслей. Даже если вы услышите что-либо не очень приятное о человеке, вы не станете судить и обвинять его, не перепроверив факты. Как родители в большинстве случаев реагируют, когда слышат что-то плохое о своих детях? Они не могут с этим согласиться; они настаивают на том, что их дети ничего подобного сделать не могли. Родители, скорее, сочтут плохим человеком того, кто наговаривает на их детей. Если вы действительно любите кого-то, то вы будете думать о нем только хорошее.

Однако сегодня мы часто видим людей, которые плохо

думают и отзываются о других с большой легкостью. Подобное происходит не только в личных отношениях с другими людьми. Они также критикуют тех, кто занимает заметное общественное положение.

Они, даже не пытаясь увидеть полную картину того, что произошло, распространяют беспочвенные слухи. Злобные комментарии в интернете приводят к тому, что некоторые люди совершают самоубийства. Людей судят и в чем-то обвиняют не по Слову Божьему, а исходя из собственных стандартов. Но какова же благая воля Божья?

Послание Иакова, 4:12, напоминает нам: *«Един Законодатель и Судия, могущий спасти и погубить; а ты кто, который судишь другого?»*

Судить может только Бог. А Бог говорит нам, что судить ближнего – это грех. Допустим, что кто-то совершил ошибку. Для людей, наделенных духовной любовью, не имеет значения – прав или неправ этот человек в своих поступках. Они все равно будут думать только о том, что действительно является благом для человека. Потому что они помышляют только о том, чтобы душа этого человека преуспевала и чтобы его любил Бог.

Более того, совершенная любовь покрывает не только прегрешения, но и помогает другим людям покаяться. Мы должны уметь наставлять людей в истине, располагать к себе их сердца, чтобы они могли идти верным путем и меняться. Если мы наделены духовной любовью, то нам не придется тратить усилия на то, чтобы относиться к другим людям с благостью. Мы будем любить даже тех, кто совершил множество проступков. Мы не перестанем доверять таким людям и будем помогать им. Если у вас не будет мыслей осуждения или обвинения, то вы будете счастливы, кого бы вы ни встретили на своем пути.

К третьей категории относятся все мысли, которые не согласуются с волей Божьей.

Греховными являются не только мысли, осуждающие других, но и все мысли, которые не согласуются с волей Божьей. В этом мире хорошими считаются те люди, которые живут по моральным стандартам и в согласии со своей совестью.

Однако ни мораль, ни совесть не могут быть абсолютными стандартами благости. И в морали, и в совести может быть то, что полностью противоречит Слову Божьему. И только Слово Божье может быть абсолютным стандартом благости.

Те, кто принимают Господа, своими устами признают, что они грешники. Как правило, люди гордятся тем, что они живут добропорядочной и честной жизнью, а между тем, Слово Божье говорит, что они все равно грешники. Потому что все, что не соответствует Слову Божьему, является злом и грехом, и только Слово Божье – абсолютный стандарт благости (1-е посл. Иоанна, 3:4).

Какая же разница между грехом и злом? В широком смысле, грех и зло – это ложь, противостоящая истине, которая является Словом Божьим. И грех, и зло – проявления тьмы, которая восстает против Бога, Кто есть Свет.

Но если пойти глубже, в детали, то выяснится, что грех и

зло – совсем разные вещи. Если представить себе дерево, то «зло» – это корень, который находится в земле, и он не видим, а грех – это ветви, листья и плоды.

У дерева без корней не будет ветвей, листьев и плодов. Точно так же грех возникает, потому что есть зло. Зло – это качество сердца человека. Оно противоположно благости, любви и истине Божьей. Когда подобное зло проявляется в определенной форме, тогда уже его называют грехом.

Иисус говорил: *«Добрый человек из доброго сокровища сердца своего выносит доброе, а злой человек из злого сокровища сердца своего выносит злое, ибо от избытка сердца говорят уста его»* (От Луки, 6:45).

Допустим, что один человек, ненавидя другого, обижает его своими словами. Это пример того, как зло в сердце проявляется в виде ненависти и недобрых слов, а это уже совершенно конкретные грехи. Грех осознается, и ему дается определение на основе стандарта, который именуется Словом Божьим и который является для нас заповедью.

Без закона никто никого не может наказать, потому что нет стандарта, чтобы выявить нарушителя и наказать его. Точно так же выявляется и грех, поскольку он идет вразрез со Словом Божьим. Грех может быть разделен на плотские помышления и на плотские дела. Плотские помышления – это грехи, совершенные в сердце и в мыслях. Примерами этому могут быть ненависть, зависть, ревность, прелюбодейные мысли. А плотские дела – это грехи, совершенные на деле. Примерами таких дел могут быть ссоры, скандалы или убийства.

Грехи и преступления в этом мире тоже делятся на разные категории. Например, в зависимости от того, какое именно преступление было совершено, оно может быть отнесено к преступлению либо против государства, либо против народа или против личности.

Но, даже если в сердце человека есть зло, это еще не значит, что он обязательно совершит грех. Если он изучает Слово Божье и может контролировать себя, то ему удастся избежать греховных поступков даже притом, что в его сердце есть зло. На этом этапе он почувствует удовлетворение, так как ему будет казаться, что он уже достиг освященности, ведь ему удается не совершать явных грехов.

Однако, для того чтобы стать полностью освященными, мы должны избавиться от зла, которое сокрыто глубоко в нашем сердце. В природе человека заложено зло, которое он наследует от своих родителей. Как правило, в ординарной ситуации оно не проявляется, оно проявляется в экстремальных обстоятельствах.

Корейцы говорят: «Поголодав три дня, любой прыгнет через забор соседа». Иначе говоря, «нужда не считается с законом». До тех пор пока мы не будем полностью освященными, скрытое в нас зло может проявиться в экстремальной ситуации.

Какими бы маленькими ни были экскременты мух, они все равно – экскременты. Все, что не совершенно в глазах Божьих, – это зло, даже если грех еще не был совершен. Вот почему в 1-м послании к Фессалоникийцам, 5:22, говорится: *«Удерживайтесь от всякого рода зла»*.

Бог есть Любовь. На самом деле, все Божьи заповеди являются концентрированным выражением любви. А значит, нелюбовь – это проявление зла и беззакония. Таким образом, чтобы проверить, не мыслим ли мы зла, мы можем задуматься над тем, сколько любви есть в нас самих. Наши мысли будут свободны от зла в той степени, в какой мы любим Бога и другие души.

«А заповедь Его та, чтобы мы веровали во имя Сына Его Иисуса Христа и любили друг друга, как Он заповедал нам» (1-е посл. Иоанна, 3:23).

«Любовь не делает ближнему зла; итак, любовь есть исполнение закона» (Посл. к Римлянам, 13:10).

Чтобы не мыслить зла

Чтобы не мыслить зла, вы прежде всего не должны видеть или слышать то, что несет в себе зло. Если нам вдруг доведется услышать нечто подобное, то мы не должны запоминать эту информацию или мысленно возвращаться к ней вновь. Не стоит стараться запомнить ее. Если мы будет думать об этом, то в голове у нас возникнут определенные мысли. Если же мы продолжим свои старания, будем молиться о том, чтобы не иметь зла в мыслях, то Святой Дух поможет нам в этом. Мы не должны намеренно смотреть, слышать или думать о том, что несет в себе зло, и нам не следует допускать подобные мысли даже на мгновение.

Мы не должны участвовать ни в каких злодеяниях. Во 2-м послании Иоанна, 1:10-11, говорится: *«Кто приходит к вам и не приносит сего учения, того не принимайте в дом и не приветствуйте его. Ибо приветствующий его участвует в злых делах его».* Бог советует нам избегать зла и не соглашаться с ним.

Греховная природа передается людям по наследству. Живя в этом мире, люди соприкасаются со многими проявлениями неправды. Греховная природа, наряду с неправдой, – это основание, на котором формируется собственное «я» человека. Христианская жизнь – это путь отвращения от греховной природы и неправды, и этот путь начинается с момента, когда мы принимаем Господа. Чтобы избавиться от греховной природы и от неправды, нам понадобится большое терпение. Так как мы живем в этом мире, то мы больше знакомы с неправдой, чем с правдой. Согласиться с неправдой и принять ее намного легче, чем избавиться от нее. Белое платье, к примеру, очень легко запачкать черными чернилами, но потом будет очень трудно избавиться от пятен так, чтобы платье опять стало белым.

И еще: каким бы малым не казалось нам зло, оно очень быстро увеличивается в масштабах. Об этом в Послании к Галатам, 5:9, написано: *«Малая закваска заквашивает все тесто»;* так и зло, оно даже в малых размерах может задеть многих людей. Чтобы в помыслах наших не было зла, мы должны возненавидеть зло, пусть даже оно на секунду промелькнуло в наших мыслях. Господь повелевает нам: *«Любящие ГОСПОДА, ненавидьте зло!..»* (Псалом, 96:10); Он учит нас тому, что *«страх ГОСПОДЕНЬ – ненавидеть*

133

зло» (Притчи, 8:13).

Если вы страстно любите кого-то, то вам будет нравится все то, что нравится вашему любимому, и не нравится то, что не нравится ему. И не обязательно, чтобы у вас для этого были личные причины. Когда Божьи дети, принявшие в дар Святого Духа, грешат, то Святой Дух в них стенает. Поэтому в сердце своем они чувствуют скорбь. Затем они начинают осознавать, что Бог ненавидит то, что они делают, и стараются больше не грешить. Очень важно избавиться даже от самых малых форм зла и больше не копить в себе зло.

Запас Слова Божьего и молитв

От зла нет никакой пользы. В Притчах, 22:8, говорится: *«Сеющий неправду пожнет беду…».* Мы сами или наши дети можем заболеть, с нами может случиться несчастье. Наша жизнь может быть печальной из-за нищеты и семейных проблем. Источником всех этих проблем, в конечном итоге, является зло.

«Не обманывайтесь: Бог поругаем не бывает. Что посеет человек, то и пожнет» (Посл. к Галатам, 6:7).

Конечно, неприятности могут возникнуть внезапно. Когда зло накапливается и доходит до определенного уровня, тогда и возникают проблемы, которые позднее могут коснуться даже наших детей. И мирские люди, не понимая этих законов, совершают самые разные злодеяния.

Например, для них в порядке вещей мстить тем, кто им навредил. В Притчах, 20:22, говорится: *«Не говори: „я отплачу за зло"; предоставь ГОСПОДУ, и Он сохранит тебя».*

Бог контролирует жизнь, смерть, счастье и неудачи человека согласно Своей справедливости. Однако, если мы совершаем правильные поступки, соответствующие Слову Божьему, то мы точно пожнем плоды благости. Бог обещает нам это в Исходе, 20:6, где написано: *«... творящий милость до тысячи родов любящим Меня и соблюдающим заповеди Мои».*

Чтобы хранить себя от зла, мы должны возненавидеть зло. И самое главное, у нас всегда должны быть в запасе две вещи. Это – Слово Божье и молитвы. Когда мы размышляем над Словом Божьем и день, и ночь, тогда мы можем удалить зло из своих мыслей и думать о благих и духовных вещах. Мы сможем понять, какие наши поступки станут доказательством истинной любви.

Когда мы молимся, мы еще больше углубляемся в Слово, и тогда можем распознать зло в своих словах и делах. Горячо молясь, мы с помощью Святого Духа сумеем взять под контроль зло в своем сердце и в конце концов полностью избавиться от него. Давайте же как можно быстрее очистимся от зла по Слову Божьему и будем молиться, чтобы наша жизнь была наполнена счастьем.

Чем более развито общество, тем больше оно создает возможностей для преуспевания честных людей. И наоборот, чем менее развиты страны, тем сильнее в них развита коррупция, и в них все вопросы решаются за деньги. Коррупцию называют болезнью страны, так как она препятствует ее процветанию. Коррупция и несправедливость также во многом влияют и на жизнь граждан этой страны. Корыстные люди не в состоянии получить истинного удовлетворения, а поэтому они думают только о себе и не способны любить кого-то еше.

Понятия «не радоваться неправде» и «не мыслить зла» во многом схожи друг с другом. «Не мыслить зла», чтобы никто не пострадал, – значит вовсе не иметь зла в своем сердце. «Не радоваться неправде» – значит не радоваться при виде непристойных действий, неприличных поступков или поведения и не участвовать в них.

Допустим, что вы завидуете своему богатому другу. Он не нравится вам еще и по той причине, что, как вам кажется, он постоянно хвалится своим богатством. И в вашей голове появляются вот такие мысли: «Он так богат, а я что? Я надеюсь, что он обанкротится». Это и есть пример того, как можно «мыслить зло». И вот однажды кто-то обманул этого человека, и его компания разорилась. В этом случае, если вы с удовольствием подумаете: «Он так хвастался своим богатством, так ему и надо!» – то это значит, что вы радуетесь неправде. А если вы лично приложили руку к тому, чтобы это случилось, тогда это будет означать, что вы весьма деятельно сорадуетесь неправде.

Такой поступок сочли бы непорядочным даже неверующие. Некоторые люди, например, наживают себе богатство нечестным путем, обманывая окружающих или угрожая им. Кто-то может нарушить правила или законы страны ради получения личной выгоды. Если судья выносит несправедливый приговор, получив взятку, и в результате ни в чем неповинный человек несет наказание, то это – беззаконие в глазах любого человека. Это злоупотребление властью, данной судье.

Что-то продавая, некоторые иногда могут обмануть покупателя относительно объема или качества товара. Такие продавцы, из-за своей неуемной жажды наживы, могут использовать и низкокачественное сырье. Они не думают о других, потому что их интересует только одно – как бы побыстрее получить прибыль. Они знают, как нужно поступать по правилам, но, тем не менее, не стесняясь, обманывают людей, и они вполне рады нечестным деньгам. К сожалению, действительность такова, что очень многие люди обманывают других, получая при этом нечестные доходы. А как насчет нас? Можем ли мы сказать о себе, что мы абсолютно чисты?

Давайте представим себе такую ситуацию. Вы трудитесь на административной работе и вдруг узнаете, что один из ваших близких друзей нечестным путем зарабатывает деньги. Если он будет пойман, то его ждет суровое наказание; и вот этот друг дает вам крупную сумму денег взамен на то, что какое-то время вы будете молчать и закрывать глаза на то, что он делает. Как раз в то время ваша семья оказалась в затруднительном положении, и вам очень нужны деньги. Как бы вы тогда поступили?

Или давайте представим себе другую ситуацию. Однажды вы, проверив свой банковский счет, увидели, что там денег больше, чем вы думали. Вы узнаете, что деньги, которые вы перечислили для уплаты налога, не были сняты. Как вы будете реагировать на это? Будете ли вы радоваться, думая, что, в конце концов, это их ошибка, и поэтому вы не несете за это ответственность?

Во 2-й книге Паралипоменон, 19:7, говорится: *«Итак, да будет страх ГОСПОДЕНЬ на вас: действуйте осмотрительно, ибо нет у ГОСПОДА, Бога нашего, неправды, ни лицеприятия, ни мздоимства»*. Бог праведен, в Нем нет никакой неправды. Мы можем укрыться от глаз людей, но мы не можем обмануть Бога. Поэтому, имея страх Господень, мы должны выбирать честные, правильные пути.

Возьмем, к примеру, Авраама. Когда его племянник в Содоме был схвачен в плен, Авраам освободил не только его, но и его людей, плененных вместе с ним, и их имущество. Царь Содомский хотел выразить ему свою благодарность, предложив отдать Аврааму кое-что из трофеев, которые тот принес царю, однако Авраам ничего не взял.

«Но Аврам сказал царю Содомскому: поднимаю руку мою к ГОСПОДУ Богу Всевышнему, Владыке

неба и земли, что даже нитки и ремня от обуви не возьму из всего твоего, чтобы ты не сказал: я обогатил Аврама» (Бытие, 14:22-23).

Когда умерла его жена, владелец земли предлагал ему место для погребения тела, но он не согласился на это. Он просто заплатил за нее по справедливой цене. Он сделал это для того, чтобы исключить в будущем какие-либо споры об этой земле. И поступил так, потому что был честным человеком и не хотел, чтобы ему что-то досталось не по заслугам или нечестным путем. Если бы его интересовали только деньги, он бы стремился к тому, что было бы выгодно для него.

Те, кто любят Бога или любимы Богом, никогда и никому не причинят вреда и не станут нарушать законы страны ради собственной выгоды. Они не ждут ничего сверх того, что они заслужили своим честным трудом. Те же, кто сорадуются неправде, не имеют в себе любви к Богу и к своим ближним.

Что Бог считает неправедностью

Неправедность, в понимании Господа, несколько отличается от общепризнанного понятия о неправедности. Это не только нарушение закона, который причиняет ущерб другим людям, но и всякий грех, восстающий против Слова Божьего. Когда зло в сердце принимает определенные формы, то это уже грех и неправедность. Среди многих грехов, неправедность более других указывает на дела плоти.

В частности, ненависть, зависть, ревность и другое зло в сердце превращаются в такие поступки, как ссоры, сплетни, проявление жестокости, мошенничество, убийство. Библия говорит, что неправедным трудно получить спасение.

В 1-м послании к Коринфянам, 6:9-10, говорится: *«Или не знаете, что неправедные Царства Божия не наследуют? Не обманывайтесь: ни блудники, ни идолослужители, ни прелюбодеи, ни малакии, ни мужеложники, ни воры, ни лихоимцы, ни пьяницы, ни злоречивые, ни хищники – Царства Божия не наследуют»*.

Ахан – был одним из тех людей, которые отличались неправедностью, и это довело его до гибели. Он был представителем второго поколения Исхода и с детства видел и слышал, что Бог сделал для его народа. Он видел, как их сопровождал столп облачный ночью и столп огненный днем. Он видел, как иссякла вода в полноводной реке Иордан и как пал неприступный город Иерихон. И еще он прекрасно знал, что их лидер Иисус Навин повелел ничего не брать в городе Иерихоне, так как все это нужно и должно было отдать Богу.

Но в тот момент, когда он увидел дорогие вещи в городе Иерихоне, он обезумел от жадности. Эти вещи, увиденные им в Иерихоне, показались такими красивыми после долгой жизни в суровой пустыне. И когда он увидел прекрасную одежду, слитки золота и серебра, он, забыв Слово Божье и приказание Иисуса Навина, спрятал их для себя.

Грех Ахана, нарушившего повеление Бога, привел к тому, что уже в следующей битве Израильское войско понесло большие потери. Из-за этих потерь вскрылся грех Ахана, и он, и вся его семья были забиты камнями до смерти. На этом месте образовалась груда камней, и называется оно долиной Ахор.

Кроме того, вы можете обратиться к Книге Чисел, с 22-й по 24-ю главы. В них говорится о Валааме – человеке, который мог общаться с Богом. Однажды Валак, царь Моавитян, попросил его проклясть народ Израильский. *«И сказал Бог Валааму: не ходи с ними, не проклинай народа сего, ибо он благословен»* (Числа, 22:12).

Услышав Слово Божье, Валаам отказался исполнить просьбу Моавитского царя. Однако, когда царь послал ему золото, серебро и множество других драгоценностей, он стал колебаться. В конечном итоге, богатые дары ослепили его, и он начал советовать царю, как ввести в заблуждение Израиль. И каким был результат? Сыны Израилевы ели то, что приносилось в жертву идолам, блудодействовали с дочерьми Моава и тем самым навлекли на себя великое бедствие. А сам Валаам был в итоге убит мечом. А все это стало следствием любви к неправедной наживе.

Неправедность, в очах Божьих, имеет прямое отношение к спасению. А что нам делать, когда мы видим, что брат или сестра по вере поступают неправедно, так же, как неверующие этого мира? Конечно, мы должны плакать о них, молиться за них и помочь им жить так, как учит Слово Божье. Но некоторые верующие могут им даже позавидовать: «Я тоже хочу жить такой же легкой и удобной христианской жизнью, как они». В том случае, если вы участвуете в их делах, вы не можете утверждать, что любите Господа.

Будучи безгрешным, Иисус умер за нас, неправедных,

чтобы привести нас к Богу (1-е посл. Петра, 3:18). Познав эту великую любовь Господа, мы не должны радоваться неправде. Кто не радуется неправде, тот не только избегает неправедных поступков, но и исполняет Слово Божье и живет по нему. Только в этом случае мы становимся друзьями Господа, а наша жизнь обретает ценность (От Иоанна, 15:14).

11. Любовь сорадуется истине

Иоанн, один из учеников Иисуса, был спасен от мученической смерти и дожил до старости, распространяя Благую Весть об Иисусе Христе и волю Божью среди многих людей. В последние годы своей жизни он радовался только тогда, когда слышал, что верующие стараются жить во Слову Божьему, по истине.

Он сказал: *«Ибо я весьма обрадовался, когда пришли братия и засвидетельствовали о твоей верности, как ты ходишь в истине. Для меня нет большей радости, как слышать, что дети мои ходят в истине»* (3-е посл. Иоанна, 1:3-4).

Мы узнаем о его чувствах из сказанных им слов – «для меня нет большей радости». Прежде он был очень вспыльчивым. Когда он был молодым, его даже прозвали «сыном громовым». Однако, после того как он изменился, его стали называть апостолом любви.

Если мы любим Бога, то будем применять истину в своей практической жизни и не станем вести себя неправедно. Мы предпочтем сорадоваться истине. А истина – это Иисус Христос, Евангелие и все 66 книг Библии. Те, кто любят Бога и любимы Им, конечно же будут радоваться Иисусу Христу и Евангелию. Их будет радовать то, что Царство Божье расширяется. Итак, что значит – «сорадоваться истине»?

Во-первых, это значит – радоваться Евангелию.

«Евангелие» – это Благая Весть о том, что мы, получив спасение через Иисуса Христа, идем на Небеса. Многие люди приходят к истине, задаваясь вопросами: «В чем смысл жизни? Какова ценность жизни?» Чтобы найти ответы на эти вопросы, они узнают о разных идеях и философских суждениях, пытаются найти ответ в разных религиозных учениях. Однако истина – это Иисус Христос, и никто не может взойти на Небеса без Иисуса Христа. Вот поэтому Иисус сказал: *«Я есмь путь и истина и жизнь; никто не приходит к Отцу, как только через Меня»* (От Иоанна, 14:6).

Мы получили спасение и обрели жизнь вечную, приняв Иисуса Христа. Нам прощены наши грехи благодаря Крови Господа, и вместо ада нас ожидают Небеса. Теперь мы понимаем смысл и ценность жизни. Поэтому для нас так естественно радоваться Евангелию. Радующиеся Евангелию постараются рассказать о нем и другим. Они будут старательно исполнять обязанности, данные им Богом, и делиться Благой Вестью с другими. И еще: они радуются тому, что души, слыша Евангелие и принимая Иисуса Христа, получают спасение. Они радуются тому, что расширяется Царство Божье. *«[Бог] Который хочет, чтобы все люди спаслись и достигли познания истины»* (1-е посл. к Тимофею, 2:4).

Но есть такие верующие, которые завидуют тем, кто евангелизировал больше людей и кто принес больше плодов. Некоторые церкви завидуют другим церквям, которые растут и воздают Славу Богу. Так истине не сорадуются. Если в вашем сердце есть духовная любовь, то вы будете радоваться, видя как Царство Божье расширяется. Вы будете радоваться вместе с той церковью, которая растет и которую любит Бог. Вот это и значит – сорадоваться истине, то есть радоваться Евангелию.

Во-вторых, сорадоваться истине – значит радоваться всему тому, что имеет отношение к истине.

Это значит – радоваться, видя, слыша и являя то, что предписывает истина, а именно благость, любовь и справедливость. Те, кто радуются в истине, тех до слез трогают даже маленькие добрые дела. Они признают, что Слово Божье есть истина и оно слаще, чем мед из пчелиных сот. Поэтому они радуются, слыша проповеди и читая Библию. Кроме того, они радуются, исполняя Слово Божье. Они с радостью повинуются Слову Божьему, которое велит нам служить людям и понимать и прощать даже тех, кто создает нам трудности.

Давид любил Бога и хотел построить храм Божий. Но Бог не велел ему делать этого. Причина этого объясняется в 1-й книге Паралипоменон (28:3): *«Не строй дома имени Моему, потому что ты человек воинственный и проливал кровь»*. Давиду пришлось проливать кровь, участвуя во многих войнах, поэтому в очах Божьих Давид не был подходящей кандидатурой для исполнения этой задачи.

Сам Давид не мог построить Храм, но он подготовил все строительные материалы, чтобы его сын Соломон мог возвести его. Давид готовил материлы для строительства со всем усердием, и само это уже переполняло его счастьем. *«И*

145

радовался народ усердию их, потому что они от всего сердца жертвовали ГОСПОДУ, также и царь Давид весьма радовался» (1-я кн. Паралипоменон, 29:9).

Те, кто сорадуются истине, умеют радоваться благополучию других людей. Они не завистливы. Они даже представить себе не могут, как можно радоваться чужому несчастью или злобно думать о ком-то, утверждая: «Вот увидите, он плохо кончит». Любое проявление неправедности огорчает их. Люди, которые сорадуются истине, способны на благостную, верную и искреннюю любовь. Их радуют добрые слова и добрые дела. А Бог радуется и ликует, глядя на них, о чем в Книге пророка Софонии, 3:17, написано: *«ГОСПОДЬ Бог твой среди тебя, Он силен спасти тебя; возвеселится о тебе радостью, будет милостив по любви Своей, будет торжествовать о тебе с ликованием».*

Даже если у вас не получается всегда сорадоваться истине, вам не следует грустить и разочаровываться. Если вы изо всех сил стараетесь, то Бог Любви учтет, что вы старались сорадоваться истине.

В-третьих, сорадоваться истине – значит верить Слову Божьему и стараться его исполнять.

На самом деле, это большая редкость, чтобы человек умел сорадоваться только истине. До тех пор пока в нас есть тьма и неправда, зло может оживать в наших мыслях, и мы можем порадоваться неправде. Но, постепенно меняясь и очищая свое сердце от неправды, мы будем сорадоваться только истине. Однако, чтобы достичь этого, нужны большие усилия.

К примеру, не все чувствуют себя счастливыми, посещая богослужения. Новообращенные, люди со слабой верой могут чувствовать себя уставшими, они могут думать о чем-то постороннем, например, о результатах бейсбольного матча, или нервничать из-за предстоящей деловой встречи.

Приход в храм и посещение богослужения показывают наше стремление быть послушными Слову Божьему. Вот это и значит – сорадоваться истине. Для чего все эти наши старания? Для того чтобы получить спасение и взойти на Небеса. Так как мы слышали Слово истины и уверовали в Бога, то мы также верим в то, что есть Суд, Небеса и ад. Зная, что награды на Небесах у всех разные, мы стараемся стать освященными и верными во всем доме Божьем. Может быть, мы и не сорадуемся истине на все 100 процентов, но если мы, согласно мере собственной веры, делаем все возможное со своей стороны, то это означает, что мы сорадуемся истине.

Голод и жажда по истине

Для нас это должно быть так естественно – сорадоваться только истине. Потому что только истина дает нам вечную жизнь и может полностью изменить нас. Если мы познаем истину, то есть Евангелие, и будем применять его, то обретем вечную жизнь и станем истинными Божьими детьми. Когда мы наполнены надеждой на Царство Божье и духовной любовью, тогда наши лица будут сиять от радости. И еще: мы будем счастливы настолько, насколько изменимся в истине, ведь нас любит и благословляет Бог и мы любимы многими людьми.

Мы должны всегда сорадоваться истине, и, кроме того, мы должны иметь голод и жажду по истине. Когда мы испытываем голод и жажду, то мы думаем только о еде и воде. Когда мы жаждем истины, мы искренне стремимся познать ее, чтобы как можно быстрее измениться и стать истинным человеком. Мы должны всегда жить, испытывая голод и жажду по истине. Что значит – жить, жаждая истины? Это значит – хранить Слово Божье, истину, в своем сердце и исполнять его в своей повседневной жизни.

В присутствии человека, которого мы очень любим, нам трудно скрывать, как мы счастливы. То же самое происходит, когда мы любим Бога. В настоящее время мы не можем предстать перед Богом лицом к лицу, однако, если мы действительно любим Бога, то это будет видно и по нас. Мы будем рады и счастливы просто услышать что-то об истине или увидеть дела истины. Наши счастливые лица не останутся незамеченными окружающими нас людьми. Мы не сможем сдержать слез благодарности, просто подумав о Боге и Господе, а наше сердце могут растрогать даже самые небольшие добрые дела.

Слезы, вызванные благостными чувствами, а именно слезы благодарности и скорби о других душах, позже станут прекрасным украшением каждого дома на Небесах. Давайте же сорадоваться истине, чтобы наша жизнь была наполнена свидетельствами о том, что Бог любит нас.

<table>
<tr><td>Характерные особенности духовной любви (II)</td><td>6. Любовь не бесчинствует

7. Любовь не ищет своего

8. Любовь не раздражается

9. Любовь не мыслит зла

10. Любовь не радуется неправде

11. Любовь сорадуется истине</td></tr>
</table>

12. Любовь все покрывает

Приняв Иисуса Христа и стараясь жить по Слову Божьему, нам предстоит многое претерпеть. Мы должны устоять, оказавшись в провокационной ситуации. Нам следует упражняться в воздержании, преодолевая привычку потакать своим желаниям. Вот поэтому в описании качеств, присущих любви, на первом месте стоит долготерпение.

Когда человек старается очистить свое сердце от неправды, внутри него начинается борьба. И вот тут он должен проявить терпение. Слова «любовь все покрывает» имеют более широкое значение, чем просто терпение. Взрастив истину в своем сердце с помощью терпения, мы сумеем вынести любую боль, причиненную нам другими людьми. Вынести все то, что не имеет ничего общего с духовной любовью.

Иисус пришел на эту землю для того, чтобы спасти грешников, но как отнеслись к Нему люди? Он делал только добро, а они насмехались над Ним, пренебрегали Им, проявляли к Нему неуважение. И в конечном итоге они распяли Его. Иисус, однако же, вынес все и молился об этих людях, ходатайствуя о них: *«Отче! прости им, ибо не знают, что делают»* (От Луки, 23:34).

Каков же результат того, что Иисус все покрывает с любовью к людям? Каждый, кто принимает Иисуса как своего личного Спасителя, получает спасение и становится чадом Божьим. Мы были избавлены от смерти и имеем жизнь вечную.

Корейская поговорка утверждает, что из топора можно выточить иглу. Это значит, что благодаря терпению и выносливости мы можем выполнить любую, даже самую трудную, задачу. Сколько времени и усилий понадобится для того, чтобы выточить иглу из топора? Наверняка, эта задача кажется неисполнимой, а кто-то с удивлением скажет: «Почему бы просто не продать топор и не купить иглы?»

Но Бог добровольно взял на Себя эту работу, ибо Он – хозяин нашего духа. Бог медлен на гнев, Он долготерпелив и проявляет к нам милосердие и любовь, потому что любит нас. Он обрезает и шлифует сердца людей, даже если они стали твердыми, как сталь. Он ждет, чтобы все стали Его истинными детьми, включая даже тех, у кого, казалось бы, нет шансов стать таковыми.

«Трости надломленной не переломит, и льна курящегося не угасит, доколе не доставит суду победы» (От Матфея, 12:20).

И сегодня Бог переносит всю ту боль, которую Ему причиняют поступки людей, и ждет нас с радостью. Он терпелив с людьми, ожидая, пока они изменятся к лучшему, несмотря на все тысячелетиями совершаемые ими злодеяния. Хотя они и отвернулись от Бога и поклонялись идолам, Бог показал им, что Он – истинный Бог и Он все переносит с верой. Если бы Бог сказал: «Вы – безнадежны, полны неправедности. Я больше не могу вас терпеть», то многие ли тогда спаслись бы?

Как сказано в Книге пророка Иеремии (31:3): *«Любовью вечною Я возлюбил тебя и потому простер к тебе благоволение»;* Бог опекает нас вот с такой, вечной и нескончаемой, любовью.

Служа в качестве пастора большой церкви, я, в какой-то мере, могу понять долготерпение Бога. У многих людей есть свои немощи и недостатки, однако, чувствуя сердце Бога, я должен всегда смотреть на них глазами веры, ожидая, что однажды они изменятся и воздадут славу Богу за это. И, так как я терпеливо ожидал этого с верой, многие члены церкви выросли в хороших лидеров.

И в каждом случае я вскоре забываю о том, сколько времени мне пришлось ждать и терпеть; мне кажется, что все это было лишь мгновением. Во 2-м послании Петра, 3:8, говорится: *«Одно то не должно быть сокрыто от вас, возлюбленные, что у Господа один день, как тысяча лет, и тысяча лет, как один день»,* и я понимаю, что этот стих значит. Бог долгое время выносит все, и, вместе с тем, Он считает, что время проскочило, как одно мгновение. Давайте же, осознав любовь Бога, станем любить всех, кто нас окружает.

13. Любовь всему верит

Если вы действительно любите человека, то будете верить ему. Вы будете верить этому человеку вопреки всем его недостаткам. Муж и жена связаны друг с другом любовью. Если у супружеской пары нет любви, то между ними не будет доверия, они станут ссориться по любому поводу, подозревать друг друга в нечестности. В более серьезных случаях навязчивые идеи о супружеской неверности могут привести к физическому и психологическому насилию. Но если муж и жена действительно любят друг друга, то между ними будет полное доверие. Муж будет уверен в том, что его жена – хороший человек и она поступает правильно. Так же и жена будет верить своему мужу. Если супруги верят друг другу, то, как правило, они преуспевают во всем, что делают, и становятся лучшими в своей сфере деятельности.

Доверие и вера могут быть стандартом измерения силы любви. Поэтому абсолютная любовь к Богу означает абсолютное доверие к Нему. Авраам, отец веры, был назван другом Бога. Без всяких колебаний Авраам подчинился повелению Бога, сказавшему ему принести в жертву сына Исаака. Авраам готов был сделать это, потому что полностью доверял Богу. Бог же, видя веру Авраама, признал его любовь.

Любить – значит верить. Те, кто любят Бога, всецело доверяют Ему. Они верят Богу на все 100 процентов. И так как они всему верят, то могут все покрыть любовью. Для того чтобы покрыть все любовью, мы должны верить. Только тогда, когда мы верим всем словам Божьим, мы можем «всего надеется» и обрезать свои сердца, чтобы избавиться от того, что мешает любить.

Строго говоря, мы поверили в Бога не потому, что полюбили Его первыми; это Он первым возлюбил нас, и, веря в это, мы тоже стали любить Бога. Насколько Бог любит нас? Он Сына Своего Единородного отдал за нас, грешников, чтобы открыть нам путь к спасению.

Поверив в это, мы начинаем испытывать любовь к Богу, и, если мы возделаем в себе духовную любовь, то достигнем уровня, при котором любовь даст нам полноту веры. Возделать в себе полноту духовной любви – значит полностью избавиться от неправды в сердце. Если из нашего сердца будет удалена неправда, то нам будет дана духовная любовь Свыше. Благодаря ей мы станем верить от всего сердца. В этом случае мы никогда не поставим под сомнение Слово Божье и наше доверие к Богу никогда не поколеблется. Если мы обретем полноту духовной любви, мы будем верить всем. И это не потому, что люди заслуживают доверия, а потому, что мы смотрим на них глазами веры даже тогда, когда они немощны и у них много недостатков.

Мы должны быть готовы поверить любому человеку. Мы должны верить и в себя тоже. Даже притом, что у нас много недостатков, нам следует верить в Бога, Который изменит нас. Мы должны верить в то, что мы скоро изменимся. Святой Дух всегда говорит нам в наше сердце: «Вы можете сделать это, Я помогу вам». Если вы верите этой любви и исповедуете – «я могу все делать хорошо, я могу измениться», то Бог будет совершать это согласно вашему исповеданию и вере.

Как же это прекрасно —верить!

Бог тоже верит в нас. Он верит в то, что каждый из нас познает любовь Божью и пойдет путем спасения. Глядя на всех нас глазами веры, Он не пощадил Своего Единородного Сына Иисуса, принеся Его в жертву на кресте. Бог верит, что даже те, кто не знают или не верят в Господа, будут спасены и перейдут на сторону Бога. Он верит, что те, кто уже приняли Господа, изменятся в таких детей, которые будут иметь большое сходство с Богом. Давайте же с любовью в Бога верить людям.

14. Любовь «всего надеется»

Говорят, что на одном из надгробий в Вестминстерском аббатстве в Великобритании написано: «Во времена своей юности я хотел изменить мир, однако не смог. В зрелом возрасте я пытался изменить свою семью, и тоже не смог. Только незадолго до смерти я понял, что я мог бы все это изменить, если бы изменился сам».

Обычно люди стараются изменить другого человека, если им в нем что-то не нравится. Но изменить другого человека практически невозможно. Некоторые супружеские пары ссорятся по пустякам, к примеру, из-за того, как нужно выдавливать пасту из тюбика – сверху или снизу. Прежде чем пытаться изменить кого-то, мы должны измениться сами. И затем мы можем с любовью ожидать и искренне надеяться на то, что эти люди изменятся.

«Всего надеется» – значит желать и ждать исполнения того, во что вы верите. А именно, если вы любите Бога, то будете верить каждому слову Его и надеяться, что все произойдет по Слову. Вы надеетесь на то, что придут дни, когда вы будете делить любовь с Богом Отцом в Царстве Небесном вечно. Вот поэтому вы все переносите и проходите свое поприще с верой. Но что, если нет никакой надежды?

У тех, кто не верит в Бога, нет надежды на Царство Небесное. Они просто живут, следуя своим желаниям, потому что в них нет надежды на будущее. Они стараются приобрести больше вещей, чтобы насытить свою жадность. Но как бы много они не имели всего и как бы не радовались этому, они все равно не смогут получить истинного удовлетворения. Они живут своей жизнью, боясь будущего.

Но, с другой стороны, те, кто веруют в Бога, «всего надеются», поэтому выбирают узкий путь. Почему мы говорим, что этот путь узкий? Потому что он кажется узким в глазах неверующих в Бога. Приняв Иисуса Христа и став Божьими детьми, мы проводим в церкви воскресные дни, участвуя во всех богослужениях, не ищем никаких мирских развлечений. Мы добровольно работаем для Божьего Царства и молимся о том, чтобы жить по Слову Божьему. Все это трудно делать без веры, вот поэтому этот путь мы и называем узким.

В 1-м послании к Коринфянам, 15:19, говорится: *«И если мы в этой только жизни надеемся на Христа, то мы несчастнее всех человеков».* Если судить о жизни по плоти, то терпеть и тяжело трудиться кажется обременительным. Но если «всего надеется», то этот путь – самый счастливый из жизненных путей. С теми, кого мы любим, можно чувствовать себя счастливыми даже в шалаше. Как же мы будем счастливы от мысли, что впереди у нас жизнь с дорогим нам Господом на Небесах! Мы будем рады и счастливы, думая об этом. Таким образом, имея истинную любовь, мы терпеливо ждем и надеемся до тех пор, пока сбудется все, во что мы верим.

Устремленность в будущее с верой дает существенные результаты. Допустим, что ваш ребенок пошел по неверному пути и стал плохо учиться. Даже в этом случае, если вы верите в него, говоря, что он способен хорошо учиться, смотрите на него с надеждой, что он изменится, то он может измениться в любой момент и стать примерным ребенком. Вера родителей в детей будет стимулировать в них уверенность в себе. У уверенных в себе детей есть вера в то, что они могут добиться всего, что они смогут преодолеть трудности, и это повлияет на их успеваемость.

То же самое происходит и тогда, когда мы заботимся о душах в церкви. Ни при каких обстоятельствах мы не должны торопиться с выводами, о ком бы ни шла речь. Нам не следует разочарованно думать: «Трудно себе представить, чтобы этот человек изменился», или: «Она все такая же». Мы должны на всех смотреть с надеждой и верой в то, что они скоро изменятся, что любовь Божья умиротворит их. Мы должны продолжать молиться о них и, ободряя их, говорить: «У тебя все получится».

15. Любовь все переносит

В 1-м послании к Коринфянам, 13:7, говорится: *«[Любовь]все покрывает, всему верит, всего надеется, все переносит»*. Если вы любите, то сумеете все перенести. А что, на самом деле, это означает? Когда из любви к человеку, мы проявляем к нему терпение, это может привести к определенным последствиям. При сильном ветре не только на море, но и на озере появляются волны. После того как ветер утихает, на поверхности воды все еще остается рябь. Даже если мы все переносим, на этом все не кончается. Будут и какие-то побочные действия.

В Евангелии от Матфея, 5:39, Иисус, к примеру, сказал: *«А Я говорю вам: не противься злому. Но кто ударит тебя в правую щеку твою, обрати к нему и другую»*. Пусть кто-то ударил вас по правой щеке, и вы не ударили его в ответ, вы стерпели это. Закончится ли все на этом? Последствия все равно будут. Вы почувствуете боль. У вас будет болеть щека, но еще сильнее – сердце. Разумеется, причины, вызывающие боль в сердце, могут быть разными. У некоторых будет щемить сердце при мысли о том, что они пострадали беспричинно, и это будет злить их. А кто-то начнет сожалеть о том, что спровоцировал раздражение в другом человеке. Кому-то будет жалко брата, который не сумел сдержать свой гнев и выплеснул его, применив физическую силу, вместо того чтобы найти более конструктивный путь решения проблемы.

Последствия того, что вы все терпите, могут также создать определенные ситуации. Например, кто-то ударил вас по правой щеке. И тогда вы, согласно Слову, подставили ему и левую щеку. И вас ударили еще и по левой щеке. Вы терпели, исполняя Слово, но ситуация обострилась и привела к еще более худшим последствиям.

Так было в случае с Даниилом. Зная о том, что он будет брошен в ров со львами, он, тем не менее, оставался бескомпромиссным. Даже тогда, когда его жизни угрожала опасность, он не переставал молиться, потому что любил Бога. Кроме того, он не делал зла тем, кто пытался убить его. Но изменилось ли все к лучшему из-за того, что он все делал по Слову Божьему? Нет. Он был брошен в ров со львами!

Мы думаем, что, если мы терпим поступки, в которых нет любви, то все испытания должны уйти. Почему же испытания, тем не менее, продолжаются? Это провидение Божье; Он хочет, сделать нас совершенными и дать нам удивительные благословения. Земля принесет обильный и хороший. урожай, перенеся дождь, ветер и палящее солнце. Провидение Божье в том, чтобы мы стали истинными детьми Божьими, пройдя через испытания.

Испытания – это благословения

Враг, дьявол и сатана, старается разрушить жизнь детей Божьих, когда они стараются пребывать в Свете. Сатана постоянно пытается найти основание, чтобы обвинить людей, и он сделает это, заметив в них даже незначительный порок. Например, кто-то совершает против вас злодеяние, и вы, внешне проявляя терпение, внутри испытываете к нему враждебность. Эти чувства дадут основание врагу, дьяволу и сатане, выдвинуть против вас обвинение. И тогда Богу придется допустить испытания, соответствующие обвинениям. До тех пор пока не будет признано, что в вашем сердце уже нет зла, будут тесты, которые называются «очистительными испытаниями». Конечно же испытания все равно могут быть даже после того, как вы избавитесь от грехов и станете полностью освященными. Такие испытания допускаются для того, чтобы мы получили еще большие благословения. Благодаря им мы не ограничимся тем, что победим в себе зло, мы будем культивировать более совершенную любовь и благость, чтобы в нас вовсе не было ни пятна, ни порока.

Это делается не только ради благословений. Тот же принцип действует и тогда, когда мы стараемся достичь Царства Небесного. Для того чтобы явить еще более великие дела, должна быть выдержана шкала справедливости. Показав больше веры и больше дел, наполненных любовью, мы должны доказать, что в нас есть сосуд, который враг дьявол не сможет разрушить, и мы достойны того, чтобы получить ответ.

Поэтому иногда Бог допускает, чтобы мы прошли через испытания. Если мы выдержим их, проявляя лишь благость и любовь, то Бог дозволит нам могущественно прославить Его еще большими победами и даст нам множество наград. Если вы преодолеете гонения и трудности, возникшие из-за вашей веры в Господа, то вы точно получите великие благословения. *«Блаженны вы, когда будут поносить вас, и гнать, и всячески неправедно злословить за Меня. Радуйтесь и*

161

веселитесь, ибо велика ваша награда на небесах: так гнали и пророков, бывших прежде вас» (От Матфея, 5:11-12).

Все покрывать, всему верить, всего надеется, все переносить

Если вы всему верите и надеетесь с любовью, то вы можете преодолеть любые испытания. Чему же именно мы должны верить, на что надеяться и что переносить?

Во-первых, мы должны верить в Божью любовь до самого конца, даже во время испытаний.

В 1-м послании Петра, 1:7, говорится: *«Дабы испытанная вера ваша оказалась драгоценнее гибнущего, хотя и огнем испытываемого золота, к похвале и чести и славе в явление Иисуса Христа».* Он очищает нас, чтобы мы приобрели такие качества, которые принесут нам награды, славу и почет, когда наша жизнь на этой земле завершится.

И, кроме того, если мы живем только по Слову Божьему, не идя на компромисс с миром, то иногда нам приходится незаслуженно страдать. При этом каждый раз нам следует верить в то, что Бог любит нас. Тогда, вместо того чтобы предаваться разочарованию, мы станем благодарить Бога, Который направляет нас к лучшим Небесным обителям. И еще, мы должны верить в любовь Бога, причем верить до последнего. Испытания веры могут доставить нам некоторые страдания.

Если страдания будут сильными и затянутся надолго, то вы можете подумать: «Почему же Бог не помогает мне? Неужели Он меня больше не любит?» Однако в такое время мы должны переносить испытания, четко осознавая, что Бог любит нас. Мы должны верить в то, что Бог Отец, любя нас, хочет привести нас в лучшие Небесные обители. Претерпев до конца, мы, в конечном итоге, станем совершенными детьми Божьими. *«Терпение же должно иметь совершенное действие, чтобы вы были совершенны во всей полноте, без всякого недостатка»* (Посл. Иакова, 1:4).

Во-вторых, чтобы все переносить, мы должны верить в то, что испытания – это кратчайший путь к осуществлению всех наших надежд.

В Послании к Римлянам, 5:3-4: говорится: *«И не сим только, но хвалимся и скорбями, зная, что от скорби происходит терпение, от терпения опытность, от опытности надежда»*. Скорби, в этом случае, – это кратчайший путь к осуществлению наших надежд. Вы можете подумать: «Ой, ну, когда же я, наконец, изменюсь?»; однако, если вы претерпите все до конца и постараетесь измениться, то постепенно вы станете истинным и совершенным чадом Божьим, похожим на Него.

Поэтому, когда приходят испытания, вам не следует избегать их. Делайте все, чтобы преодолеть их. Обычно человеку хочется выбрать более легкий путь – таков закон природы. Но если мы будем избегать испытаний, то дорога может оказаться намного длиннее. Допустим, в вашей жизни

163

есть человек, который постоянно создает вам проблемы. Хотя внешне это никак не проявляется, каждый раз, когда вы с ним встречаетесь, внутри вас возникает дискомфорт. Поэтому вы стараетесь избегать его. Вместо того чтобы игнорировать эту ситуацию, вам нужно активно преодолевать ее. Необходимо перетерпеть все трудности, которые он вам создает, и возделать в себе сердце, которое способно понять и простить этого человека. Тогда Бог даст вам благодать, и вы изменитесь. Все испытания – это ступени, которые ведут вас кратчайшим путем к исполнению ваших надежд.

В-третьих, чтобы все претерпеть, делайте только добро.

Как правило, люди начинают роптать против Бога, столкнувшись с последствиями собственных попыток все претерпеть согласно Слову Божьему. Они сетуют, вопрошая: «Почему ситуация не меняется, несмотря на то, что все делается по Слову?» Все испытания веры посылаются врагом, дьяволом и сатаной. В действительности, испытания – это борьба добра и зла.

Чтобы одержать победу в духовной битве, мы должны сражаться по правилам духовного мира. Закон духовного мира в том, что добро в конце концов побеждает. В Послании к Римлянам, 12:21, говорится: *«Не будь побежден злом, но побеждай зло добром».* Делая добро, мы иногда можем почувствовать, что мы несем потери, и мы действительно теряем в тот момент, а в действительности, все наоборот. Бог управляет счастьем и несчастьем, жизнью и смертью человека. Таким образом, когда мы сталкиваемся с испытаниями, искушениями и гонениями, наши поступки должны быть только благими.

Иногда верующие подвергаются гонениям со стороны неверующих членов семьи. В таких случаях верующие обычно думают: «Почему у меня такой злой муж?», «Почему у меня такая злая жена?» И тогда испытание может оказаться более тяжелым и долгим. Какие добрые поступки можно совершить в такой ситуации? Вы должны молиться с любовью о них и служить им в Господе. Вы должны стать светом и светить ярко в своей семье.

Если вы будете делать им только добро, то Бог начнет действовать в наиболее подходящее время. Он изгонит врага, дьявола и сатану, а также смягчит сердца членов вашей семьи. Все проблемы разрешатся, когда ваши поступки будут только благими, соответствующими Божьим законам. Поэтому давайте претерпим все, проявляя при этом благость и делая только добро.

Есть ли в вашем окружении кто-то, кого, по вашему мнению, трудно вытерпеть? Некоторые люди постоянно причиняют вред другим и создают трудности. А кто-то часто жалуется и обижается по пустякам. Но если вы возделаете в себе истинную любовь, то вокруг вас не станет тех, кого бы вы не смогли вынести. Потому что вы любите ближнего своего, как самого себя, как и велел нам Иисус.

Бог Отец понимает и терпит нас точно так же. До тех пор пока вы не возделаете в себе истинную любовь, вы должны жить, как жемчужница. Когда инородное тело, к примеру песок, морские водоросли или частички ракушек, застревает между раковиной и туловищем моллюска, он превращает его в жемчуг! Точно так же, если мы возделаем в себе духовную любовь, то, пройдя через жемчужные ворота, мы сможем войти в Новый Иерусалим, где расположен Божий Престол.

Просто представьте себе то время, когда вы будете проходить через жемчужные ворота и вспоминать свое земное прошлое. Мы должны будем сказать Богу Отцу: «Спасибо Тебе за то, что Ты все покрывал, верил, надеялся и все претерпел ради меня», для того чтобы наши сердца стали такими же прекрасными, как жемчуг.

Характерные особенности духовной любви (III)

12. Она все покрывает

13. Она всему верит

14. Она на всего надеется

15. Она все переносит

Любовь, описанная в Главе о любви

Совершенная любовь

*«Любовь никогда не перестает, хотя и пророчества прекратятся,
и языки умолкнут, и знание упразднится.
Ибо мы отчасти знаем и отчасти пророчествуем;
когда же настанет совершенное,
тогда то, что отчасти, прекратится.
Когда я был младенцем, то по-младенчески говорил,
по-младенчески мыслил, по-младенчески рассуждал;
а как стал мужем, то оставил младенческое.
Теперь мы видим как бы сквозь [тусклое] стекло, гадательно,
тогда же лицом к лицу; теперь знаю я отчасти, а тогда познаю,
подобно как я познан. А теперь пребывают сии три: вера,
надежда, любовь; но любовь из них больше».*
1-е посл. к Коринфянам, 13:8-13

Если бы вы могли взять с собой что-то одно, отправляясь на Небеса, что бы вы тогда выбрали? Золото? Алмазы? Деньги? Все эти вещи абсолютно бесполезны на Небесах. На Небесах дороги, по которым вы будете ходить, сделаны из чистого золота. Все, что Бог приготовил для нас в Небесных обителях, прекрасно и изысканно. Бог понимает наши сердца и изо всех Своих сил старается подготовить для нас все лучшее. Только одно мы можем взять с этой земли, то, что на Небесах будет иметь большую ценность. Это – любовь. Любовь, которую мы возделали в своем сердце, живя в этом мире.

Любовь нужна и на Небесах

Когда закончится возделывание человечества и мы войдем в Царство Небесное, все, что есть на земле, исчезнет (Откровение, 21:1). В Псалме, 102:15, говорится: *«Дни человека как трава; как цвет полевой, так он цветет»*. Даже то, что неосязаемо, скажем, богатство, слава, власть, тоже исчезнет. Исчезнут и тьма, и грехи – такие, как ненависть, ссоры, зависть и ревность.

Однако, в 1-м послании к Коринфянам, 13:8-10, говорится: *«Любовь никогда не перестает, хотя и пророчества прекратятся, и языки умолкнут, и знание упразднится. Ибо мы отчасти знаем и отчасти пророчествуем; когда же настанет совершенное, тогда то, что отчасти, прекратится»*.

Дары – пророчество, иные языки и знания о Боге являются духовными ценностями, так почему же тогда и они упразднятся? Небеса – это духовное пространство, они абсолютно совершенны. На Небесах мы отчетливо узнаем обо всем. Даже если у нас есть общение с Богом и дар пророчествовать, в Царстве Небесном все будет иначе.Тогда мы будем отчетливо понимать сердце Бога Отца и Господа, и в пророчествах больше не будет необходимости.

То же самое и с языками. Под «языками», в данном случае, имеются в виду самые разные языки общения. Здесь, на земле, люди говорят на разных языках. И если мы хотим понять кого-то, мы должны выучить его язык. Из-за культурных различий нам требуется много времени и сил, чтобы понять сердце и мысли других людей. Даже если мы владеем языком какого-то народа, мы не всегда можем до конца понять его сердце и мысли. И даже если мы говорим на этом языке свободно и можем думать на нем, нам не так-то просто донести до этих людей свои мысли и то, что у нас на сердце, на все 100 процентов. Из-за каких-то неправильно сказанных слов, могут возникнуть недоразумения и ссоры. Мы можем просто допустить много ошибок, используя те или иные слова.

Однако если мы окажемся на Небесах, нам не придется беспокоиться о подобных вещах. На Небесах есть только один язык. Поэтому мы можем не переживать, что не сможем кого-то понять. То, что сказано от доброго сердца, не может вызвать непонимание или подозрение.

То же самое и со знаниями. В этом случае под «знаниями» имеются в виду знание Слова Божьего. Живя на земле, мы старательно изучаем Слово Божье. Из 66-ти книг Библии мы узнаем о том, как можно получить спасение и жизнь вечную. Мы познаем только ту часть Божьей воли, которая говорит нам, что нам делать, чтобы взойти на Небеса.

Например, мы познали и стараемся практически исполнить слова «любите друг друга», «не завидуйте, не ревнуйте» и т.п. Однако на Небесах есть только любовь, поэтому там подобные знания нам не нужны. Несмотря на то, что пророчество, говорение на языках и знания – понятия духовные, они все равно исчезнут. Так что они нужны нам только временно и только в этом физическом мире.

Таким образом, очень важно знать Слово истины и знать о Небесах, но еще важнее культивировать в себе любовь. Мы можем оказаться в лучшей Небесной обители, и это зависит от того, насколько мы обрезали свое сердце и возделали в себе любовь.

Любовь бесценна

Просто вспомните сейчас времена своей первой любви. Как же счастливы вы были тогда! Как говорится в таких случаях, вы были ослеплены любовью. Если вы по-настоящему любите кого-то, то вы видите только достоинства этого человека, и весь мир вам кажется прекрасным. Солнце светит ярко, как никогда, и в воздухе ощущается особый аромат. Лабораторные исследования показывают, что, когда человек влюблен, у него менее активны те части мозга, которые управляют критикой и негативными мыслями. Точно так же, если ваше сердце наполнено Божьей любовью, то вы будете счастливы, даже если вам будет нечего есть. На Небесах подобная радость длится вечно.

Наша жизнь на земле подобна детству в сравнении с тем,

как мы будем жить на Небесах. Ребенок, который только начинает говорить, может произнести лишь пару таких простых слов, как «мама» и «папа». Он не может объяснить все точно и детально. И конечно же дети не в силах понять сложного мира взрослых. Дети говорят, думают и все понимают в меру своих знаний и возрастных способностей. У них нет должного представления о ценности денег, поэтому, если им предложить монетку или бумажную купюру, то они выберут монетку. Ценность монет они знают, так как использовали их, чтобы купить конфеты или фруктовое мороженое, а вот ценность бумажных купюр им не понятна.

Это похоже на то, как мы представляем себе Небеса, пока живем на земле. Мы знаем, что Небеса прекрасны, но нам трудно выразить словами их красоту. В Царстве Небесном нет границ возможностям, поэтому мы сможем описать эту красоту в полной мере. Когда мы взойдем на Небеса, мы также сможем понять безграничный и таинственный духовный мир, а также принципы, по которым все функционирует. Об этом говорится в 1-м послании к Коринфянам (13:11): *«Когда я был младенцем, то по-младенчески говорил, по-младенчески мыслил, по-младенчески рассуждал; а как стал мужем, то оставил младенческое».*

В Царстве Небесном нет тьмы, волнений и тревог. Там есть только благость и любовь. Поэтому мы можем выразить свою любовь и служить друг другу столько, сколько мы хотим. В этом смысле, физический мир и духовный мир абсолютно разные. Конечно, даже на этой земле можно видеть большую разницу в рассуждениях и мыслях людей, и эта разница объясняется мерой веры каждого.

Во второй главе 1-го послания Иоанна уровни веры сравниваются с возрастом детей, юношей, отроков и отцов. Те, кто находятся на уровне веры младенцев или детей, являются детьми и в духе. Они не способны понять глубоких духовных вещей. У них мало сил, для того чтобы исполнять Слово. Но когда они станут юношами или отцами, их слова, мысли и действия изменятся. Их способности применять на практике Слово Божье возрастут, и они сумеют выиграть борьбу против сил тьмы. Но, даже достигнув веры отцов на этой земле, мы все равно останемся детьми по сравнению с теми нами, какими мы будем, когда войдем в Царство Небесное.

Наша любовь будет совершенной

Детство – это время подготовки к тому, чтобы стать взрослыми; точно так же как жизнь на земле – это время, чтобы подготовиться к вечной жизни. Этот мир, по сравнению с вечным Царством Небесным, подобен тени, и она исчезает очень быстро. Тень, в действительности, – это не предмет и не существо. Иными словами, она – не реальна. Это лишь образ реального существа или предмета.

Царь Давид благословил ГОСПОДА перед всем собранием и сказал: «...*странники мы пред Тобою и пришельцы, как и все отцы наши, как тень дни наши на земле, и нет ничего прочного*» (1-я кн. Паралипоменон, 29:15).

Видя тень, мы можем представить себе основные очертания объекта, который ее отбрасывает. Этот физический мир тоже подобен тени, дающей примерное представление о мире вечности. Когда тень, чем и является наша жизнь на этой земле, исчезнет, тогда откроется другая действительность. В настоящее время наши знания о духовном мире довольно туманны, словно мы смотрим через тусклое стекло. Но когда мы отправимся в Царство Небесное, наши знания о нем будут отчетливыми, так как мы встретимся с ним лицом к лицу.

В 1-м послании к Коринфянам, 13:12, написано: *«Теперь мы видим как бы сквозь [тусклое] стекло, гадательно, тогда же лицом к лицу; теперь знаю я отчасти, а тогда познаю, подобно как я познан».* Эту Главу о любви апостол Павел написал примерно 2.000 лет назад. Стекла в его времена не были такими же прозрачными, как в наше время. Из стекол тогда еще не научились делать зеркала. Их делали из измельченного серебра, бронзы или железа, и полировали металл так, чтобы он отражал свет. Зеркала при таких технологиях были тусклыми. Конечно, некоторые люди, у которых открыты духовные глаза, более чувствительны к Царству Небесному. И, тем не менее, наши представления о красоте и радости Небес весьма туманные.

Позднее, когда мы взойдем на Небеса, мы сможем непосредственно сами все увидеть и прочувствовать в мельчайших деталях. Мы узнаем о величии Бога, Его всесилии и красоте, которые не поддаются описанию.

Любовь – больше, чем вера и надежда

Вера и надежда очень важны, для того чтобы мы

возрастали в вере. Мы получим спасение и взойдем на Небеса, если только в нас есть вера. Мы можем стать детьми Божьими только по вере. Имея веру, мы обретаем спасение, жизнь вечную и Небесное Царство. Поэтому ценность веры невозможно переоценить. Вера – главное из всех сокровищ и ключ к получению ответов на молитвы.

А как же насчет надежды? Надежда тоже ценна; имея надежду, мы обретаем лучшие Небесные обители. Поэтому, если в нас есть вера, то, естественно, мы будем также иметь и надежду. Если мы действительно верим в Бога, в то, что есть Небеса и ад, то у нас будет надежда на Небеса. И еще: если у нас есть надежда, то мы будем стараться освящаться и преданно трудиться для Божьего Царства. Вера и надежда нам нужны до тех пор, пока мы не достигнем Царства Небесного. Но почему в 1-м послании к Коринфянам, 13:13, говорится, что любовь больше?

Во-первых, вера и надежда нужны нам, пока мы живем на этой земле, а в Царстве Небесном будет только духовная любовь.

На Небесах нам не придется верить в то, что мы не видим, и ждать осуществления наших надежд, потому что мы все будем видеть собственными глазами. Предположим, мы любим кого-то очень сильно, но у нас не было возможности увидеться с любимым человеком целую неделю или, хуже того, десять лет. Насколько же эмоциональной будет наша встреча после десятилетней разлуки! Если мы уже встретились с тем, по кому мы скучали целых десять лет,

Совершенная любовь

станем ли мы продолжать скучать о нем?

Это же относится и к христианской жизни. Если мы действительно имеем веру и любим Бога, то время будет укреплять нашу надежду, а наша вера будет возрастать. С каждым днем мы будем все больше и больше скучать по Господу. Те, кто вот так надеются на Небеса, не скажут, что им трудно, даже притом, что они идут узким путем по этой земле, не поддаваясь ни на какие искушения. А когда мы достигнем конечного пункта нашего пути, то вера и надежда нам уже не понадобятся. Однако любовь на Небесах будет длиться вечно, поэтому Библия говорит, что любовь больше.

Во-вторых, верой мы можем обрести Небеса, но без любви мы не попадем в самую прекрасную из всех обителей – Новый Иерусалим.

«Небеса силою берутся» в той степени, в какой мы поступаем, проявляя веру и надежду. От того, насколько мы живем по Слову Божьему, очищаемся от грехов, насколько прекрасно возделанное нами сердце, будет зависеть и сила даруемой нам духовной любви. От меры этой духовной веры будет зависеть и то, какую обитель мы обретем: Рай, Первое Царство Небесное, Второе Царство Небесное, Третье Царство Небесное или Новый Иерусалим.

Рай – для тех, кто был спасен по вере, приняв Иисуса Христа. Это означает, что они ничего не сделали для Царства Божьего. Первое Царство Небесное ожидает тех, кто, приняв Иисуса Христа, старался жить по Слову Божьему. Эта обитель намного красивее Рая. Второе Царство Небесное для тех, кто жил по Слову Божьему, любя Бога, и был верен Божьему Царству. Третье Царство Небесное приготовлено для тех, кто настолько любил Бога, что, избавившись от всех форм зла, стал освященным. Новый Иерусалим предназначен для тех, кто имел угодную Богу веру и был верен во всем доме Божьем.

Новый Иерусалим – это Небесная обитель, предназначенная для детей Божьих, с верой возделавших совершенную любовь в своем сердце, которое стало буквально кристаллом любви. На самом деле, никто, кроме Иисуса Христа, Единородного Сына Божьего, не соответствует критериям требований для вхождения в Новый Иерусалим. Однако и мы, Его творения, тоже можем войти в Небесный Иерусалим, получив оправдание через драгоценную Кровь Иисуса Христа и обретя совершенную любовь.

Чтобы уподобиться Господу и обитать в Новом Иерусалиме, нам следует идти путем, которым шел Господь. Его путь – это любовь. Только такая любовь позволит нам, принеся Девять плодов Святого Духа и исполнив Заповеди Блаженства, стать достойными называться истинными детьми Божьими, у которых характер, как у Господа. Как только мы станем соответствовать критериям требований для истинных Божьих детей, мы будем получать все, о чем ни попросим на этой земле, и получим привилегию быть рядом с Господом вечно на Небесах. Таким образом, если в нас есть вера, то мы сможем взойти на Небеса, а если есть надежда, то сумеем очиститься от грехов. Поэтому вера и надежда нам очень необходимы. Любовь же – больше, потому что мы войдем в Новый Иерусалим только при условии, что в нас есть любовь.

177

«Не оставайтесь должными никому ничем,

кроме взаимной любви;

ибо любящий другого исполнил закон.

Ибо заповеди: „не прелюбодействуй", „не убивай",

„не кради", „не лжесвидетельствуй", „не пожелай [чужого]"

и все другие заключаются в сем слове:

„люби ближнего твоего, как самого себя".

Любовь не делает ближнему зла; итак,

любовь есть исполнение закона».

Посл. к Римлянам, 13:8-10

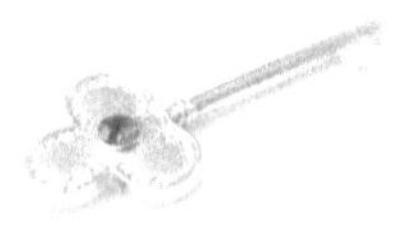

Часть 3.

Любовь есть исполнение Закона

Любовь Бога

«И мы познали любовь,

которую имеет к нам Бог, и уверовали в нее.

Бог есть любовь,

и пребывающий в любви пребывает в Боге,

и Бог в нем».

1-е послание Иоанна, 4:16

Работая с племенем индейцев Куачуа, Элиот начал готовиться к тому, чтобы войти в контакт с племенем Хаорани, известным своей жестокостью. Он, вместе с четырьмя другими миссионерами, Эдом МакКулли, Роджером Юдерианом, Питером Флемингом и их пилотом Нати Сэйнтом, вступил в контакт с индейцами Хаорани, находясь в самолете и используя громкоговоритель. Они спустили им подарки в корзинке. И, после нескольких месяцев, мужчины решили обосноваться неподалеку от этого племени индейцев, вдоль реки Курарей. К ним несколько раз приходила небольшая группа индейцев Хаорани. Одного их них, кого они звали Джорджем (его настоящее имя Наенкиви) они даже прокатили на самолете. Вдохновленные таким дружественным отношением, миссионеры стали планировать встречу с Хаорани, однако их планы были нарушены приходом большой группы индейцев Хаорани, которые 8 января 1956 года убили Элиота и его четверых сопровождающих. Изуродованное тело Элиота было вынесено вниз течением реки, где оно и было найдено вместе с другими миссионерами, исключая Эда МакКулли.

Элиот и его друзья сразу же стали известны миру как мученики веры; журнал «Life Magazine» опубликовал статью объемом в 10 страниц об их миссионерской деятельности и смерти. Им было поставлено в заслугу то, что они вызвали интерес молодежи того времени к христианской миссионерской работе, и до сих пор они являются примером для христиан-миссионеров, работающих во всем мире. После смерти мужа, Элизабет Элиот и другие миссионеры стали работать среди индейцев Аука, на которых они оказали большое влияние и многих из которых они обратили в христианство. Любовью Божьей были завоеваны многие души.

> *«Не оставайтесь должными никому ничем, кроме взаимной любви; ибо любящий другого исполнил закон. Ибо заповеди: „не прелюбодействуй”, „не убивай”, „не кради”, „не лжесвидетельствуй”, „не пожелай [чужого]” и все другие заключаются в сем слове: „люби ближнего твоего, как самого себя”. Любовь не делает ближнему зла; итак любовь есть исполнение закона»* (Посл. к Римлянам, 13:8-10).

Наивысшей любовью из всех возможных проявлений любви является любовь Божья к нам. Божья любовь лежит в основе всего, что Он сотворил, включая человека.

Любовь побудила Бога сотворить все, и в том числе человечество

В начале обширное пространство вселенной было сокрыто в Самом Боге. И эта вселенная отличалась от той, которая известна нам сегодня. Это пространство, у которого нет ни начала, ни конца, оно не имеет границ. Все происходит в соответствии с волей Божьей и с тем, что сокрыто в Его сердце. Так для чего же Бог создал человека, если Он всемогущ и у Него есть все?

Он хотел истинных детей, с которыми Он мог бы поделиться красотой Своего мира, который доставлял Ему удовольствие. Он хотел поделиться Своим пространством, в котором всё было создано так, как Ему хотелось. То же самое происходит и с людьми: им хочется поделиться тем хорошим, что у них есть, со своими любимыми. Бог запланировал возделывание человечества в надежде обрести истинных детей.

Первым делом, Он, разделив единую вселенную на физический и духовный мир, создал Небесное воинство, ангелов и других духовных существ, и все, что нужно было духовному миру. Он создал для Себя место обитания, а также Царство Небесное, где должны были жить Его истинные дети. Кроме того, Он создал пространство, в котором проходило бы возделывание человечества. Неизмеримо большой период времени был пройден, прежде чем Он сотворил землю в физическом мире, наряду с солнцем, луной, звездами и окружающим миром природы, которые были необходимы для жизни человека.

Бога окружает множество духовных существ, одни из них – ангелы, и они безоговорочно слушаются Его, как роботы. Это не те живые существа, с кем Бог мог бы делиться Своей любовью. Бог создал человека по Своему подобию, чтобы обрести истинных детей, с которыми Он мог бы поделиться Своей любовью. Если бы у вас были роботы с приятной внешностью и готовностью исполнить все, что вы пожелаете, заменили бы они вам ваших детей? Несмотря на то, что дети иногда могут быть непослушными, они все равно дороже вам любых роботов, потому что способны почувствовать вашу любовь и ответить вам взаимностью. То же самое относится и к Богу. Он хотел, чтобы у него были истинные дети, с которыми у Него была бы сердечная близость. Эта любовь

183

побудила Бога создать первого человека, которым был Адам.

После того как Бог создал Адама, Он насадил сад в Эдеме на востоке, и там поместил Адама. Эдемский сад был насажен Богом специально для Адама. Это – таинственно прекрасное место, где растут красивые цветы и деревья, бродят разные животные. И повсюду в нем – изобилие фруктов. В саду ощущался мягкий, как шелк, ветерок, а шелест травы напоминал шепот. Вода сверкала, как драгоценные камни, отражая свет. Красоту этого места не смогли бы описать даже люди с очень богатым воображением.

Бог также дал Адаму помощницу – Еву. Вовсе не потому, что Адам тогда чувствовал себя одиноким. Однако Бог, Который так долго был один, понимая сердце Адама, предусмотрел все заранее. В таких великолепных условиях, созданных Богом, Адам и Ева жили вместе с Богом долгое время, наслаждаясь властью господ всего творения.

Бог взращивает людей, чтобы сделать их Своими истинными детьми

Но, чтобы называться истинными детьми Божьими, Адаму и Еве кое-чего недоставало. Хотя Бог отдал им всю Свою любовь сполна, они не могли по-настоящему оценить Его любовь. Они наслаждались всем, что дал им Бог, но у них не было ничего такого, чего бы они добились или заработали собственными усилиями. Поэтому они и не понимали, насколько драгоценна Божья любовь, и не чувствовали благодарности за то, что им было отдано во владение. Кроме того, они никогда не видели ни смерти, ни несчастий и, следовательно, не знали ценности жизни. Ни разу не испытав ненависти, они не могли оценить значимость любви. Они воспринимали все только умом и, не имея собственного негативного опыта, не могли почувствовать истинную любовь в своем сердце.

В этом-то и заключается истинная причина того, почему Адам и Ева вкусили плод с дерева познания добра и зла. Бог сказал им: *«... Ибо в день, в который ты вкусишь от него, смертью умрешь»*, однако они не понимали истинного смысла слова «смерть» (Бытие, 2:17). Разве Бог не знал, что они собираются вкусить плод с дерева познания добра и зла? Знал. Он знал, но Он предоставил Адаму и Еве возможность выбрать послушание по собственной доброй воле. В этом заключено провидение возделывания человечества.

Через возделывание человечества Бог хотел, чтобы люди, испытав слезы, несчастье, боль, смерть и тому подобное, потом, когда они окажутся на Небесах, могли бы по-настоящему понять, как дороги Небесные ценности, и наслаждаться истинным счастьем. Бог желает вечно делиться Своей любовью с ними на Небесах, которые не сравнимы ни с чем и прекраснее даже Эдемского сада.

После того как Адам и Ева проявили непослушание Слову Божьему, они более не могли жить в Эдемском саду. И так как Адам к тому же потерял власть господина всего творения, то все животные и растения тоже были прокляты. Проклятой оказалась и Земля, прежде отличавшаяся изобилием и красотой. Теперь на ней произрастают тернии и волчцы, поэтому люди не получат никакого урожая, если они не будут трудиться в поте лица своего.

Хотя Адам и Ева ослушались Бога, Он все равно сделал для них кожаные одежды и одел их, так как им теперь предстояло жить в совершенно других условиях (Бытие, 3:21). Божье сердце, должно быть, разрывалось, как и у всех родителей, которые отделяют от себя своих детей, чтобы они могли подготовиться к будущей жизни. Несмотря на такую любовь Бога к людям, вскоре, после того как началось возделывание человечества, люди погрязли в грехах и очень быстро отдалились от Бога.

В Послании к Римлянам, 1:21-23, говорится: *«Но как они, познав Бога, не прославили Его, как Бога, и не возблагодарили, но осуетились в умствованиях своих, и омрачилось несмысленное их сердце; называя себя мудрыми, обезумели, и славу нетленного Бога изменили в образ, подобный тленному человеку, и птицам, и четвероногим, и пресмыкающимся».*

Этому греховному человечеству Бог показал Свое привидение и любовь через избранный народ Израильский. С одной стороны, когда они жили по Слову Божьему, Он демонстрировал им удивительные знамения и чудеса и щедро благословлял их. С другой стороны, когда они отдалялись от Бога, поклонялись идолам и грешили, Бог посылал им пророков, чтобы те рассказали о Его любви.

Одним из таких пророков был Осия, который жил в мрачную эпоху после раскола Израиля на Северный Израиль и Южную Иудею.

Однажды Бог дал Осии особое поручение, сказав: *«Иди, возьми себе жену блудницу и детей блуда...»* (Кн. пророка Осии, 1:2). Невозможно даже представить себе, чтобы благочестивый пророк женился на блуднице. И хотя Осия не вполне понимал намерение Бога, Он подчинился Его слову и взял себе в жены женщину по имени Гомерь.

Они родили трех детей, однако Гомерь ушла к другому мужчине, уступив своей похоти. Но Бог сказал Осии все равно любить свою жену (Кн. пророка Осии, 3:1). Осия пошел и, найдя ее, выкупил ее за пятнадцать сребреников и хомер ячменя, и полхомера ячменя.

Любовь, с которой Осия относился к Гомерь, символизирует то, как Бог любит нас. Женщина-блудница Гомерь является прообразом человечества, запятнанного грехами. Точно так же как Осия взял в жены женщину-блудницу, Бог первым полюбил всех нас, запятнанных грехами этого мира.

Он продемонстрировал Свою бесконечную любовь к нам с надеждой на то, что каждый человек, сойдя с пути, ведущего к смерти, станет Его истинным дитем. Даже если он сдружились с миром и на какое-то время отдалился от Него, Он все равно не скажет: «Ты оставил Меня, поэтому Я не могу принять тебя обратно». Он хочет одного – чтобы все возвратились к Нему. Он хочет этого так же горячо, как родители, которые ждут возвращения детей, сбежавших из дома.

Бог подготовил Иисуса Христа прежде веков

Притча о блудном сыне из 15-й главы Евангелия от Луки

показывает сердце Бога Отца. Младший сын, который наслаждался жизнью в достатке, не испытывал благодарности к своему отцу и не понимал ценности той жизнь, которая у него была. И однажды он попросил отдать ему часть его наследства. Он был типичным избалованным ребенком, который требовал своей доли наследства в то время, когда отец его еще был жив.

Отец не смог остановить своего сына, ибо тот не понимал родительского сердца, и, в конечном итоге, он отдал сыну часть его наследства. Счастливый сын отправился в дорогу. С того мгновения и начались отцовские страдания. Он сильно переживал, думая: «А что если с ним что-то случится? А вдруг он повстречает злых людей?» Отец, волнуясь о сыне, потерял сон. И он все смотрел на горизонт в надежде, что его сын возвратится назад.

Вскоре деньги у сына закончились, и люди перестали к нему хорошо относиться. Он оказался в такой страшной ситуации, когда даже свой голод он готов был утолить рожками, которые ели свиньи, но никто не давал ему даже такой еды. И тогда он вспомнил про отцовский дом. Он возвратился домой, однако ему было настолько стыдно, что он головы своей поднять не мог. Но отец побежал к нему, поцеловал его. Отец ни в чем не винил его; он был настолько счастлив, что одел его в лучшие одежды и заколол откормленного теленка, чтобы устроить пиршество для него. Такова любовь Господа.

Божья любовь дается не только особым людям в особое время. В 1-м послании к Тимофею, 2:4, говорится: *«[Бог] хочет, чтобы все люди спаслись и достигли познания истины»*. Он во все времена держит врата спасения открытыми, и когда душа возвращается к Нему, Он, радостный и счастливый, приветствует каждую душу.

Благодаря такой любви Бога, Который до последнего не отпускает нас, был открыт путь для спасения каждого. Для этого Бог подготовил Своего Единородного Сына Иисуса Христа. В Послании к Евреям, 9:22, написано: *«Да и все почти по закону очищается кровью, и без пролития крови не бывает прощения»*. Своей драгоценной Кровью и Своей жизнью Иисус заплатил цену, которую должны были заплатить грешники.

В 1-м послании Иоанна, 4:9, говорится: *«Любовь Божия к нам открылась в том, что Бог послал в мир Единородного Сына Своего, чтобы мы получили жизнь через Него»*. Бог заставил Иисуса пролить Свою драгоценную Кровь, чтобы искупить человечество от всех их грехов. Иисус был распят, но победил смерть и воскрес на третий день, потому что был безгрешным. Через это открылся путь для нашего спасения. Пожертвовать Своим Единородным Сыном не так легко, как это может прозвучать. Корейская поговорка утверждает: «Родители не почувствуют боли, если их дети даже попадут им в глаза». Многие родители уверены в том, что жизнь их детей намного важнее их собственной.

Так что, пожертвовав Своим Единородным Сыном, Бог показал нам Свою безоговорочную любовь. Кроме того, Бог подготовил Царство Небесное для тех, кого Он, благодаря Крови Иисуса Христа, обрел вновь. Насколько же велика эта любовь! Однако этим Божья любовь не исчерпывается.

189

Бог дал нам Святого Духа, чтобы привести нас на Небеса

Бог дает в дар Святого Духа тем, кто принимает Иисуса Христа и получает прощение грехов. Святой Дух – это сердце Бога. После Вознесения Господа Бог послал Помощника, Святого Духа, в наши сердца.

В Послании к Римлянам, 8:26-27, мы читаем: *«Также и Дух подкрепляет нас в немощах наших; ибо мы не знаем, о чем молиться, как должно, но Сам Дух ходатайствует за нас воздыханиями неизреченными. Испытующий же сердца знает, какая мысль у Духа, потому что Он ходатайствует за святых по воле Божией»*.

Когда мы грешим, Святой Дух побуждает нас покаяться воздыханиями неизреченными. Людям с малой верой Он дает веру; тем, у кого нет надежды, Он дает надежду. Словно мать, Он нежно и заботливо успокаивает Своих детей. Он дает нам Свое водительство, чтобы мы не навредили себе и не понесли никакого ущерба. Он помогает нам познать сердце Бога, Который любит нас, и ведет нас в Царство Небесное.

Глубоко поняв Божью любовь, мы не сможем не ответить Богу взаимностью. Если мы любим Бога всем своим сердцем, Он щедро воздает нам за это, а поэтому мы будем переполнены любовью. Он дает нам здоровье, Он будет благословлять нас во всем, чтобы мы преуспевали. Он делает это по закону духовного мира, но, что еще более важно, Он желает, чтобы мы почувствовали Его любовь через благословения, которые мы получаем от Него. *«Любящих меня я люблю, и ищущие меня найдут меня»* (Притчи, 8:17).

Что вы чувствовали, когда впервые встретили Бога и получили исцеление или нашли решение для своих проблем? Вы, должно быть, ощутили, как Бог любит даже таких грешников, как вы. Возможно, вы в сердце своем говорили: «Если бы мы решились описать Божью любовь, то нам бы понадобилась пергаментная бумага размером с небосклон и океан чернил, впрочем, и океан бы скоро обмелел». И еще: я думаю, вы были переполнены любовью Бога, Который даровал вам вечные Небеса, на которых нет тревог, несчастий, болезней, разлук и смерти.

Это не мы первыми полюбили Бога. Вначале Бог пришел к нам и протянул нам Свою руку. Он полюбил нас не потому, что мы заслуживали любви. Бог любил нас настолько сильно, что отдал Своего Единородного Сына за нас, грешников, обреченных на смерть. Он возлюбил всех людей; Он заботится о нас с любовью, даже большей, чем любовь матери, которая никогда не забудет покормить своего ребенка (Кн. пророка Исаии, 49:15). Он терпеливо ждет нас так, как будто бы тысяча лет – это один день.

Божья любовь – это истинная любовь, которая не меняется даже с течением времени. Когда, позднее, мы взойдем на Небеса, мы просто застынем от изумления при виде красоты корон, сверкающего виссона и небесных домов, построенных из золота и драгоценных камней. Все это Бог приготовил для нас. Он дает нам дары и награды, пока мы живем на земле, и с нетерпением ждет того дня, когда мы будем с Ним в Его вечной славе. Давайте же почувствуем Его величайшую любовь к нам.

Любовь Христа

*«...и живите в любви, как и Христос возлюбил нас
и предал Себя за нас в приношение и жертву Богу,
в благоухание приятное».*

Посл. к Ефесянам, 5:2

Любовь обладает величайшей силой сделать невозможное возможным. Особенно удивительна любовь Бога и любовь Господа. Она может превратить неумелых людей в людей, способных сделать все, что угодно. Когда необразованные рыбаки, сборщики налогов, которые в те времена считались грешниками, нищие, вдовы и отверженные люди этого мира встречали Господа, их жизнь полностью менялась. От их нищеты и болезней не оставалось и следа, и они испытывали небывалую до этого любовь ко всем. Они считали себя бесполезными, однако, родившись заново, превратились в инструмент, через который действовал Бог. Такова сила любви.

Иисус пришел на эту землю, оставив Свою Небесную славу

В начале Бог был Словом, и Слово сошло на эту землю во плоти человека. Им был Иисус, Единородный Сын Божий. Иисус сошел на эту землю, чтобы спасти человечество, связанное грехом и обреченное на смерть. Имя Иисуса означает «Он спасет людей Своих от грехов их» (От Матфея, 1:21).

Люди, запятнанные грехом, сами по себе ничем не отличаются от животных (Кн. Екклесиаста, 3:18). Иисус родился в хлеву для животных, чтобы искупить людей, которые перестали делать то, что они должны были делать, и были ничем не лучше животных. Его положили в ясли для кормления животных, чтобы он стал истинной пищей для людей (От Иоанна, 6:51). У Бога была цель – дать возможность людям восстановить утерянный облик Божий и позволить им исполнить свое предназначение.

И еще: в Евангелии от Матфея, 8:20, говорится: *«Лисицы имеют норы и птицы небесные – гнезда, а Сын Человеческий не имеет, где приклонить голову»*. То есть написано, что Ему негде было спать; Ему приходилось оставаться на ночь в поле и в холод, и в дождь. Часто у Него не было еды, и Он терпел голод. Терпел не потому, что был беспомощным. Это было нужно для того, чтобы искупить нас от нищеты. Во 2-м послании к Коринфянам, 8:9, написано: *«Ибо вы знаете благодать Господа нашего Иисуса Христа, что Он, будучи богат, обнищал ради вас, дабы вы обогатились Его нищетою»*.

Иисус начал Свое публичное служение с чуда превращения воды в вино на брачном пире в Кане. Он проповедовал Царство Божье и являл чудеса и знамения в Иудее и в Кане. Многие прокаженные получали исцеление, хромые начинали ходить и скакать, одержимые бесами получали освобождение от сил тьмы. И даже человек, умерший четыре дня назад, от которого уже исходило зловоние, воскрес и вышел из гробницы (От Иоанна, 11).

Во время своего служения на земле Иисус являл людям эти удивительные деяния, чтобы они могли ощутить Божью любовь. Кроме того, имея естество Бога и Слова, Он полностью исполнил Закон, чтобы стать для нас идеальным примером. И так как Он исполнил Закон, то Он не обвинял тех, кто, нарушив Закон, был обречен на смерть. Он просто учил людей истине, чтобы еще хотя бы одна душа покаялась и получила спасение.

Если бы Иисус оценивал каждого строго по Закону, то никто не смог бы получить спасение. Закон – это повеления Божьи, которые говорят нам, что делать, а чего не делать, от чего избавиться, а что хранить. Например, есть такие заповеди Божьи, как «помни день субботний, чтобы святить его», «не желай дома ближнего твоего», «почитай отца и мать твою», а также повеление избавляться от всех форм зла. В основе всех этих заповедей лежит любовь. Если вы исполняете все повеления и законы, то ваша любовь проявится на деле.

Однако Бог хочет, чтобы мы исполняли Закон, не только совершая определенные поступки. Он хочет, чтобы мы применяли Закон с любовью, исходящей из сердца. Иисус, хорошо зная желание сердца Бога, исполнил Закон с любовью. Одним из прекрасных примеров этого является женщина, пойманная в прелюбодеянии (От Иоанна, 8). Однажды книжники и фарисеи взяли женщину в прелюбодеянии, и, поставив посередине, спросили Иисуса: *«Моисей в законе заповедал нам побивать таких камнями: Ты что скажешь?»* (От Иоанна, 8:5).

Они сказали это, ища повод для обвинения Иисуса. Как вы думаете, что чувствовала в тот момент женщина? Ей, должно быть, было стыдно оттого, что ее грех теперь известен всем. Конечно же она дрожала от страха, ибо ее должны были забить камнями до смерти. Если бы Иисус сказал: «Побейте ее камнями», то ее жизнь оборвалась бы от ударов

Любовь Христа

полетевших в нее камней.

Иисус, однако же, не сказал им, что ее нужно наказать в соответствии с Законом. Вместо этого, Он, наклонившись низко, начал писать что-то пальцем на земле. Он писал названия грехов, которые люди обычно совершают. Перечислив их грехи, Он выпрямился и сказал: *«Кто из вас без греха, первый брось на нее камень»* (От Иоанна, 8:7). И опять, наклонившись, начал что-то писать.

На сей раз Он записал грехи каждого человека так, как будто бы Он видел, когда, где и как совершались их грехи.Те, у кого возникли угрызения совести, стали по одному расходиться. В конечном итоге остались только Иисус и женщина. В Евангелии от Иоанна, 8:10-11, говорится: *«Иисус, восклонившись и не видя никого, кроме женщины, сказал ей: женщина! где твои обвинители? никто не осудил тебя? Она отвечала: никто, Господи. Иисус сказал ей: и Я не осуждаю тебя; иди и впредь не греши».*

Разве женщина не знала, что в наказание за супружескую измену она может быть побита камнями? Конечно же знала. Она знала Закон и все же согрешила, не сумев побороть свою похоть. Она ожидала, что ее предадут смерти за совершенный грех, о котором узнали все, но неожиданно для себя она получила прощение Иисуса. Как же, должно быть, она была смущена и растрогана! До тех пор пока она будет помнить о любви Иисуса, она не сможет больше грешить.

Раз Иисус с любовью простил женщину, нарушившую Закон, то, может быть, Закон не имеет силы, если ты любишь Бога и своих ближних? Нет, это не так. Иисус сказал: *«Не думайте, что Я пришел нарушить закон или пророков: не нарушить пришел Я, но исполнить»* (От Матфея, 5:17).

Закон помогает нам более прилежно исполнять волю Божью. Когда кто-то говорит, что любит Бога, мы не можем измерить, насколько глубока и широка его любовь. Мера его любви может быть оценена благодаря тому, что есть Закон. Если он действительно от всего сердца любит Бога, то конечно же будет исполнять Закон. Такому человеку не трудно исполнять Закон. Более того, в той же мере, в какой он достойно исполняет Закон, он получает Божьи благословения и любовь.

Однако приверженцев Закона во времена Иисуса не интересовала Божья любовь, заключенная в Законе. Они не стремились к тому, чтобы освятить свое сердце, для них было важно соблюсти все формальности. Они были довольны и горды тем, что они исполняли Закон. И, считая, что лишь они исполняют Закон, они осуждали тех, кто, по их мнению, нарушал Закон. А когда Иисус объяснял истинный смысл Закона и рассказывал о сердце Божьем, они говорили, что Он неправ, что Он одержим бесами.

И так как в фарисеях не было любви, тщательное исполнение Закона не принесло их душам никакой пользы (1-е посл. к Коринфянам, 13:1-3). Они не очищали своих сердец от зла, а лишь судили и обвиняли других, тем самым отдаляясь от Бога. В конечном итоге, они, распяв Сына Божьего, совершили грех, которому нет прощения.

Иисус исполнил провидение креста, оставаясь послушным вплоть до смерти

К концу своего трехлетнего служения, незадолго до того, как начаться Его крестным страданиям, Иисус отправился на гору Елионскую.Чем темнее становилась ночь, тем горячее молился Иисус, ведь Ему предстояло быть распятым. Он истово молился о том, чтобы через Его кровь, которая была совершенно безвинной, все души получили спасение. Эта молитва – просьба дать силу перенести все страдания на кресте. Он горячо молился, и Его пот, как капли крови, падал на землю (От Луки, 22:42-44).

В ту ночь Иисус был схвачен воинами и отведен на допрос. В результате судом Пилата Ему был вынесен смертный приговор. Римские воины, ведя Его к месту распятия, возложили ему на голову венец из терна, плевали на Него и били Его (От Матфея, 27:28-31).

Все Его тело было в крови. Над ним насмехались, Его бичевали всю ночь; истерзанный, Он взошел на Голгофу, неся деревянный крест. За Ним следовала толпа людей. Они когда-то приветствовали его, крича «осанна!», теперь же эти люди требовали: «Распни Его». Лицо Иисуса было покрыто кровью настолько, что Его было не узнать. Все Его силы были истощены болью, причиненной пытками, и Ему было невыносимо тяжело сделать даже шаг.

Дойдя до Голгофы, Иисус принял распятие, чтобы искупить нас от грехов. Чтобы искупить нас, бывших под проклятием Закона, который гласит, что возмездием за грех является смерть (Посл. к Римлянам, 6:23), Он, вися на деревянном кресте, пролил всю Свою кровь. Терпя боль от возложенного на Его голову тернового венца, Он простил нам наши грехи, которые мы совершаем в своих мыслях. Его руки и ноги были пронизаны гвоздями, чтобы простить нам те грехи, которые мы совершаем руками и ногами.

Глупые люди, не знавшие этого, издевались и глумились над Иисусом, висевшим на кресте. Но, даже несмотря на мучительную боль, Иисус молился о прощении тех, кто распинал Его, прося: *«Отче! прости им, ибо не знают, что делают»* (От Луки, 23:34).

Из всех методов наказания, распятие – одно из самых жесточайших. По сравнению с другими видами казни, осужденные на распятие мучились от боли гораздо дольше. Их руки и ноги были пробиты гвоздями, их плоть разрывалась на части. Они страдали от сильного обезвоживания и нарушения кровообращения. Это приводило к постепенному угасанию функций внутренних органов. Тот, кто был распят, должен был страдать и от болезненных укусов насекомых, которые слетались на запах крови.

Как вы считаете, о чем думал Иисус, распятый на кресте? Он не думал о той невыносимой боли, которая терзала Его тело. Он думал о том, почему Бог создал людей, о смысле возделывания человечества на земле и о том, что Он должен принять распятие, чтобы принести искупительную жертву за человеческий грех. И Он от всего сердца возносил молитвы благодарности.

Через шесть часов страданий на кресте, Иисус сказал:

«Жажду» (От Иоанна, 19:28). Это была духовная жажда, жажда отвоевать души, обреченные на смерть. Думая о многочисленных душах, которые будут в будущем жить на земле, Он просит нас донести до всех Слово о кресте и спасти их души.

Наконец, Иисус сказал: *«Совершилось!»* (От Иоанна, 19:30), и затем, сказав: *«Отче! в руки Твои предаю дух Мой»* (От Луки, 23:46), испустил дух. Он предал Свой дух в руки Отца, ибо Он, став искупительной жертвой, исполнил Свой долг – открыл путь к спасению всего человечества. Это был момент, когда величайшая любовь была явлена в действии.

С того времени стена греха, стоявшая между Богом и нами, была разрушена, и у нас появилась возможность напрямую общаться с Богом. До этого для прощения грехов первосвященники должны были приносить жертвы от имени людей, теперь же в этом нет необходимости. Все, кто верят в Иисуса Христа, могут войти в святое святилище Божье и напрямую поклоняться Богу.

Иисус готовит Небесные обители из любви к нам

Прежде чем взойти на крест, Иисус рассказал Своим ученикам о том, что произойдет. Он сказал им, что Он должен принять крест, чтобы исполнилось провидение Бога Отца. Но ученики все равно тревожились. И чтобы успокоить их, Он рассказал им о Небесных обителях.

В Евангелии от Иоанна, 14:1-3, говорится: *«Да не*

смущается сердце ваше; веруйте в Бога и в Меня веруйте. В доме Отца Моего обителей много. А если бы не так, Я сказал бы вам: „Я иду приготовить место вам. И когда пойду и приготовлю вам место, приду опять и возьму вас к Себе, чтобы и вы были, где Я"». Он действительно, победив смерть, вознесся на Небеса на глазах у многих людей. Он ушел, чтобы подготовить для нас Небесные обители. Так что же означают эти слова – «Я иду приготовить место вам».

В 1-м послании Иоанна, 2:2, написано: *«Он есть умилостивление за грехи наши, и не только за наши, но и за [грехи] всего мира»*. То есть сказано, что каждый может обрести Небеса, имея веру, потому что Иисус разрушил стену греха между Богом и нами.

И еще Иисус сказал: «В доме Отца Моего обителей много», и это тоже подтверждает, что Он хочет, чтобы все получили спасение. Иисус не сказал, что есть множество обителей на Небесах, Он сказал «в доме Отца Моего», потому что мы можем называть Бога «Ава Отче» благодаря драгоценной Крови Иисуса.

Господь до сих пор непрестанно ходатайствует о нас. Он не ест не пьет, Он горячо молится у Престола Божьего. Он молится о том, чтобы взращивание людей на этой земле победно завершилось и была явлена слава Божья в преуспевании душ.

Кроме того, после завершения возделывания человечества, когда начнется Суд Великого Белого Престола, Он продолжит трудиться ради нас. На этом Суде дела каждого будут рассмотрены без малейшей погрешности. Однако

Господь будет защитником детей Божьих. Он станет ходатайствовать за них, говоря «Я смыл их грех Своей кровью», чтобы они могли получить лучшие Небесные обители и награды на Небесах. Так как Он сошел на эту землю и испытал все, через что проходят люди, Он будет говорить в защиту людей как их адвокат. Сможем ли мы до конца понять любовь Христа?

Бог явил нам Свою любовь через Своего Единородного Сына Иисуса Христа. Эта любовь проявилась в том, что Иисус пролил ради нас всю Свою Кровь, до последней капли. Это – безусловная и неизменная любовь, способная прощать до седмижды семидесяти раз. Кто может отлучить нас от этой любви?

В Послании к Римлянам, 8:38-39, апостол Павел утверждает: *«Ибо я уверен, что ни смерть, ни жизнь, ни Ангелы, ни Начала, ни Силы, ни настоящее, ни будущее, ни высота, ни глубина, ни другая какая тварь не может отлучить нас от любви Божией во Христе Иисусе, Господе нашем».*

Апостол Павел, поняв эту любовь Бога и любовь Христа, полностью отказался от себя, покорившись воле Божьей и посвятив свою жизнь апостольскому служению. Он не щадил своей жизни, евангелизируя язычников. И он являл любовь Божью, приводя множество людей на путь спасения.

И хотя его называли «представителем Назарейской ереси», Павел посвятил всю свою жизнь проповеди Евангелия. Он проповедовал всему миру безмерную любовь Божью и любовь Господа. Я молюсь во имя Господа, чтобы вы стали истинными детьми Божьими, которые с любовью исполнят Закон и будут жить вечно в самой прекрасной Небесной обители, Новом Иерусалиме, испытывая взаимную любовь к Богу и Христу.

Любовь Христа

Автор –
д-р Джей Рок Ли

Д-р Джей Рок Ли родился в 1943 году в городе Муан, в провинции Джэоннам Корейской Республики. С двадцати четырех лет д-р Ли страдал от различных неизлечимых заболеваний и в течение семи лет ждал смерти, без всякой надежды на исцеление. Но однажды, весной 1974 года, сестра привела его в церковь, где он упал на колени и молился, и Живой Бог мгновенно исцелил его от всех болезней.

С той минуты, как д-р Ли встретился с Живым Богом, он искренне возлюбил Его всем сердцем, и в 1978 году он был призван на служение Богу. Он усердно молился, чтобы ясно уразуметь волю Божью, полностью исполнить ее и повиноваться всякому слову Божьему. В 1982 году он основал Центральную церковь «Манмин» в городе Сеуле (Корея), и с того момента бесчисленные дела Божьи, включая чудесные исцеления и знамения Божьи, были явлены в этой церкви.

В 1986 году д-р Ли был рукоположен в пасторы на ежегодной Ассамблее Корейской церкви Христа в Сингкуоле, а спустя ещё четыре года, в 1990 году, его проповеди начали транслироваться по каналам Дальневосточной вещательной компании, Азиатской вещательной компании и Вашингтонской христианской радиостанции в Австралии, России, на Филиппинах и во многих других странах.

Через три года, в 1993 году, журнал *Christian World* (США) внес Центральную церковь «Манмин» в список пятидесяти лучших церквей мира; колледж Христианской веры в штате Флорида (США) присвоил д-ру Ли степень почетного доктора богословия; а в 1996 году Теологическая семинария Кингсвэй (штат Айова, США) присвоила ему степень доктора.

С 1993 года д-р Ли, проводя евангелизационные служения в

Израиле, США, Танзании, Аргентине, Уганде, Японии, Пакистане, Кении, на Филиппинах, в Гондурасе, Индии, России, Германии и Перу, стал лидером мировой миссионерской деятельности. В 2002 году за его усилия по проведению ряда впечатляющих объединенных христианских фестивалей известная христианская газета в Корее назвала его пастором мирового масштаба.

По данным на ноябрь 2018 год, членами Центральной церкви «Манмин» являются более ста тысяч человек. Более десяти тысяч филиалов церкви было основано по всему миру – как в Корее, так и за рубежом; в данное время более 98 миссионеров церкви работают в 26-х странах, включая США, Россию, Германию, Канаду, Японию, Китай, Францию, Индию, Кению и многие другие страны.

На момент публикации этой книги д-р Ли написал более 112-х книг, включая такие бестселлеры, как *Откровение о вечной жизни в преддверии смерти*, *Моя Жизнь, Моя Вера* (I и II), *Слово о Кресте*, *Мера Веры*, *Небеса* (I и II), *Ад* и *Сила Божья*. Его книги были переведены на 75 языков мира.

Его статьи на тему христианской веры публиковались в следующих периодических изданиях: *The Hankook Ilbo, The JoongAng Daily, The Dong-A Ilbo, The Munhwa Ilbo, The Seoul Shinmun, The Kyunghyang Shinmun, The Korea Economic Daily, The Korea Herald, The Shisa News* и *The Christian Press*.

В настоящее время д-р Ли возглавляет многие миссионерские организации и ассоциации. Он, в частности, является главой правления Объединенной церкви святости Иисуса Христа, президентом Международной миссионерской организации Манмин, основателем и председателем правлений «Глобальной христианской сети» (GCN), «Всемирной сети врачей-христиан» (WCDN), Международной семинарии Манмин (MIS).

Небеса I и II

Красочное и подробное описание прекрасных обителей, где блаженствуют граждане Небес, и превосходное разъяснение различных уровней Небесных царств.

Слово о Кресте

Действенная пробуждающая проповедь для всех, кто пребывает в духовном сне. Прочтя эту книгу, вы узнаете, почему Иисус является единственным Спасителем и истинной любовью Бога.

Ад

Бог искренен в своем послании человечеству, так как желает, чтобы ни единая душа не оказалась в бездне ада! Вы узнаете о чудовищной жестокости Нижней могилы и ада.

Откровения о вечной жизни в преддверии смерти

Воспоминания-исповедь преподобного д-ра Джей Рока Ли, рассказ о рождении свыше, спасении и жизни человека, ведущего христианскую жизнь, достойную подражания.

Мера веры

Какие небесные обители, венцы и награды уготованы нам на Небесах? Эта книга станет для читателя источником мудрости и руководством для определения меры своей веры и роста в в ней.

Пробудись, Израиль!

Почему Бог держит Израиль в поле своего зрения от начала мира и по сей день? Каково провидение последних дней, уготованное Богом для Израиля, ожидающего Мессию?

Моя жизнь, моя вера I и II

Автобиография д-ра Джей Рока Ли - это подарок для читателей, насыщенный благоуханными духовными ароматами, полученными в течение жизни благодаря любви Божьей, которая расцвела в период темной жизненной полосы, тяжелого бремени и глубокого отчаяния.

Сила Божья

Книга, которую необходимо прочитать, дает важные наставления о том, как обрести истинную веру и испытать чудесную силу Божью.